Matthias Naß

DER ELBLOTSE

HELMUT SCHMIDTS
HAMBURG

Mit Illustrationen von
Hannah Kolling

Hoffmann und Campe

Für Sarah Mie
und Stefan Akio

INHALT

9 VORWORT

15 U-BOOTE IN DER ELBE
Willkomm Höft

17 SKANDAL BEIM NEUJAHRSPUNSCH
Winterhuder Fährhaus

20 EIN ORT DES FREIEN GEISTES
Lichtwarkschule

27 VORSCHUSS AN VERTRAUEN
Buchhandlung Dr. Götze

33 EIN GUTES GEFÜHL FÜR KUNST
Galerie Herold

36 »DAS IST HERZBLUT«
Kurt-Schumacher-Haus

41 BEI WIND UND SCHIETWETTER
Der Mützenmacher

46	**DIE LIEBE ZU DEN EXPRESSIONISTEN** Kunsthalle	
50	**»HENRY, MACH DAS, ICH BIN DA AUCH«** Handelskammer	
55	**TAUSEND MARK VOM HAUSHALTSGELD** Ernst Deutsch Theater	
58	**SIEGFRIED LENZ BESTELLT GIN TONIC** Die Hausbar	
63	**»DER KÖNIG DARF DAS«** Szenen einer Zugfahrt	
66	**ÜBER DEN DÄCHERN SEINER STADT** Büro im Pressehaus	
71	**WAS GEHT UNS DER KONGO AN!** Kleiner Konferenzraum	
77	**MINDESTENS DREI STANGEN** Der Tabakladen	
80	**DAS FOTO MUSS WEG!** Helmut-Schmidt-Universität	
87	**»ZWANZIG JAHRE LABSKAUS«** Old Commercial Room	
94	**WAS HAT WILLY BRANDT GESCHRIEBEN?** Das Privatarchiv	

99	»GIB MIR MAL DEN KAMM« Im Barber Shop
104	MIT MILITÄRISCHEN EHREN Der Flughafen
109	DIE SCHWINGEN DES ANDEN-KONDORS Das Chilehaus
115	ABSCHIED VON DER PLATTENSAMMLUNG Hochschule für Musik und Theater
120	IN BESTER LAGE Der Übersee-Club
127	»DIE GUTE STUBE DES LIEBEN GOTTES« Der Michel
135	ÜBER DEN AUTOR

Vorwort

Hamburg ist die Stadt Helmut Schmidts. Hier wurde er 1918 geboren, ist hier zur Schule gegangen, hat hier studiert. Als Abgeordneter vertrat er Hamburg im Deutschen Bundestag. Er wurde Senator, dann Minister in Bonn, schließlich Bundeskanzler. Nach über dreißig Jahren in der Politik wirkte er gut drei Jahrzehnte als Herausgeber der ZEIT in Hamburg. Fast siebzig Jahre lang war er mit einer Hamburgerin verheiratet. Schließlich, im November 2015, starb er in seiner Heimatstadt.

Ein Hamburger Leben also. Und doch kannte sich Helmut Schmidt in der Welt aus wie nur wenige Deutsche. Er hatte Freunde in New York und San Francisco, in Tokio und Singapur, in Kairo und Paris. »Für mich war Hamburg immer der Punkt, von dem aus ich mir mein Bild von der Welt gemacht habe als junger Mann«, schrieb er einmal. »Dies ist eine Seehandelsstadt, eine

Schifffahrtsstadt, eine Stadt, die den Blick auf die Welt richtet. (...) Noch heute ist es Hamburg, von wo aus ich die Welt betrachte.«

In Hamburg blieb er verwurzelt. Bei aller Kritik an der hiesigen Selbstzufriedenheit – die Mischung aus Weltläufigkeit und Lokalpatriotismus, aus Liberalität und Behäbigkeit schien ihm zu behagen. »Tatsächlich liebte ich meine Stadt«, bekannte er in seinem Buch *Weggefährten*, »und ich liebe sie immer noch.«

Ich hatte das Glück, 32 Jahre lang bei der ZEIT mit Helmut Schmidt zusammenarbeiten zu dürfen. Unser gemeinsames Thema war eigentlich die Außenpolitik. Aber immer wieder sprachen wir auch über Hamburg. Seine Erinnerungen gingen zurück zu den Jahren an der geliebten Lichtwarkschule am Stadtpark. Er erzählte von seinen ersten Begegnungen mit der expressionistischen Malerei in der Kunsthalle, von bewegenden Nachkriegs-Aufführungen im Schauspielhaus, in den Kammerspielen und im Ernst Deutsch Theater. Ich besuchte ihn in seinem Haus in Langenhorn, von Fuhlsbüttel aus flogen wir gemeinsam nach Asien, wir feierten mit der ZEIT-Redaktion an der Alster.

Als das ZEIT Magazin im Jahr 2016 eine Hamburg-Ausgabe startete, hatte Chefredakteur Christoph Amend die Idee, an den Anfang jedes Heftes eine Kolumne zu stellen: »Helmut Schmidts Hamburg«. Er fragte mich, ob ich diese Kolumne übernehmen wolle, und ich sagte gern zu. Meine Kollegin Annabel Wahba hat die Texte, die im ZEIT Magazin Hamburg erschienen, aufmerksam betreut. Beiden möchte ich herzlich danken.

Birgit Schmitz, Verlagsleiterin von Hoffmann und Campe, der ich von meiner Überlegung erzählte, die bisher veröffentlichten Kolumnen zu einem Buch zu erweitern, griff die Idee sofort begeistert auf. Seither hat sie das Projekt mit viel Enthusiasmus begleitet. Dafür sei ihr an dieser Stelle herzlich gedankt.

Glücklich bin ich über die Illustrationen Hannah Kollings für dieses Buch. Sie fügen sich wunderbar zu den Texten und machen Helmut Schmidts Lieblingsorte auf eine sehr persönliche und treffende Weise anschaulich. Ich danke Hannah Kolling für die angenehme Zusammenarbeit.

Meine Freundin und Kollegin Anna von Münchhausen, lange Jahre Textchefin der ZEIT, hat das Manuskript gewissenhaft gelesen und mich auf Fehler und Schwächen hingewiesen. Dafür bin ich ihr zu großem Dank verpflichtet.

Danken möchte ich Birgit Krüger-Penski, Andrea Bazzato, Ernst-Otto Heuer, Lars Steen, Hans-Peter Lambertz und Stefan Herms für zahlreiche Hinweise. Wertvolle Informationen, ohne die ich dieses Buch so nicht hätte schreiben können, haben die Mitarbeiterinnen der ZEIT-Dokumentation beschafft: Mirjam

Zimmer, Dorothee Schöndorf, Kerstin Wilhelms und Davina Domanski. Ihnen allen gilt mein Dank.

Mit Sorgfalt und Liebe hat Bettina Spyrou das Manuskript betreut. Es ist eine Freude, täglich mit ihr zusammenzuarbeiten. Ihr bin ich besonders dankbar.

Meine Frau Lisa war auch bei diesem Projekt, wie immer, meine erste Leserin. Mit sicherem Gespür entdeckt sie die Mängel eines Textes. Ihre Kritik ist stets eine Hürde, die ich beim Schreiben nehmen muss. Und damit ein großes Geschenk.

Gewidmet ist dieses Buch unseren Kindern Sarah Mie und Stefan Akio. Sie sind, wie Helmut Schmidt, in dieser Stadt geboren und von hier in die Welt hinausgezogen. Verwurzelt sind auch sie noch immer in Hamburg.

Hamburg, im Januar 2019

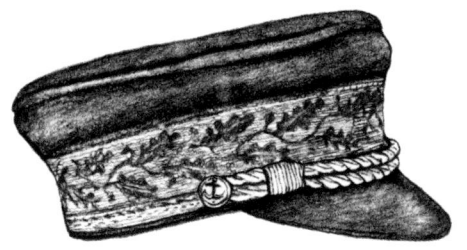

U-Boote
in der Elbe

≈

Willkomm Höft

Tief im Westen, wo die Grenze zu Schleswig-Holstein bereits überschritten ist, liegt die Schiffsbegrüßungsanlage »Willkomm Höft«, für den Hamburger das wahre Tor zur Welt. Man sitzt am Sonntagnachmittag im Schulauer Fährhaus, gönnt sich ein Stück von der guten Eierlikörtorte – da lässt Begrüßungskapitän Hartmut Hoffmann über dem Strom die zypriotische Nationalhymne ertönen. Vor dem regennassen Fenster zieht auf der grauen Elbe die »Kristin Schepers« vorbei, sie kommt aus Sankt Petersburg und läuft jetzt in den Hamburger Hafen ein.

Seit 1952 wird jedes Schiff über 1000 Bruttoregistertonnen in »Willkomm Höft« so begrüßt, und wenn es Hamburg wieder verlässt, wird es auch so verabschiedet. Von zehn Uhr morgens bis zum Sonnenuntergang. Kleinere Schiffe gelten in Schulau als »nicht salutfähig«. Immerhin, ab 500 Bruttoregistertonnen wird die Hamburger Flagge gedippt.

In den fünfziger Jahren wurde die jeweilige Hymne noch live gesungen, vom Männergesangverein Wedel oder von einem Shanty-Chor. Jetzt spielt der Begrüßungskapitän die Musik von der Festplatte. Der Schiffsmeldedienst gibt ihm rechtzeitig Bescheid, wenn bei Stade ein Schiff Richtung Hamburger Hafen passiert oder wenn auf dem Weg zur Nordsee ein Pott an Finkenwerder vorbeifährt. Dann zieht der Begrüßungskapitän aus seinen 17 000 Schiffs-Karteikarten die richtige raus und meldet den Gästen im Schulauer Fährhaus Name und Nationalität des Schiffes, Länge, Breite und Tiefgang, das Baujahr, die Werft, die Reederei und die Zahl der geladenen Container. Herrlich!

Manchmal erlaubt sich der Begrüßungskapitän auch einen kleinen Scherz und meldet die Vorbeifahrt eines getauchten U-Bootes. Dann lachen die Hamburger über ihrer Eierlikörtorte, wissen sie doch, dass in der immer noch nicht vertieften Elbe jedes U-Boot schnell auf dem Bauch liegen bliebe.

Ach, es ist schön hier draußen. Helmut Schmidt war schon weit über neunzig, da fuhr er noch mit Tochter, Schwiegersohn und Lebensgefährtin zum Kaffeetrinken nach Schulau. Ob ihm zu Ehren die deutsche Hymne gespielt oder ob wenigstens die Hamburger Flagge gedippt wurde, daran können sich Begrüßungskapitän und Kellnerin nicht erinnern.

Skandal beim Neujahrspunsch

≈

Winterhuder Fährhaus

Hier, am Oberlauf der Alster, auf halbem Weg zwischen Eppendorfer Marktplatz und Winterhuder Marktplatz, hat sich der Altkanzler immer köstlich amüsiert. Wenn er Zerstreuung suchte, fuhr Helmut Schmidt mit Loki oder auch einfach mit seinen Leibwächtern ins Winterhuder Fährhaus, Lamby parkte den Wagen in der Tiefgarage, und alle gingen frohgestimmt mit dem Chef ins Theater. Davon erzählen sie heute immer noch gern.

Die Komödie Winterhuder Fährhaus ist eine Spielstätte des unschuldigen Vergnügens. Wer hier auf der Bühne steht, ist uns über Jahrzehnte bei ARD und ZDF ans Herz gewachsen. Jochen Busse, Anita Kupsch, Herbert Herrmann, Barbara Wussow – wer sinkt bei diesen Namen nicht behaglich auf seinen Platz im Parkett?

In einem dieser verregneten Hamburger Sommer lachten die Zuschauer herzlich über Ingolf Lück im »Abschiedsdinner« oder über Hugo Egon Balder im

»Aufguss«, der »spritzigen Wellnesskomödie« (ja, so lustig werden hier die Stücke angekündigt). Und über das Schietwetter draußen trösteten sie sich mit einem fruchtig, frischen Sommer-Cocktail hinweg – gern mit dem »Fährhaus Maracuja« für 4,50 Euro.

Maracuja? Ob Schmidt so was getrunken hätte? Wohl doch lieber Cola. Oder einfach eine anständige Tasse Kaffee. So wie beim Neujahrspunsch 2008, als es zum Skandal kam. Denn der Intendant hatte den Schmidts im Foyer ein Tischchen mit Aschenbecher hinstellen lassen, obwohl doch das Rauchen seit dem 1. Januar auch in seinem Theater verboten war. Was sollten Helmut und Loki machen?

Die blitzgescheite *Hamburger Morgenpost* beschrieb die Szene so: »Erst mal 'ne Zippe und ein Käffchen (…) Die Schmidts in Top-Form.« Tatsächlich, der »härteste Rauch-Rebell unserer Stadt« lieferte den »Beweis, dass sich ein Altkanzler nichts verbieten lässt« (*Bild*). Für Hamburg hatte das neue Jahr also gut begonnen, alles war so wie immer. Nur im fernen Hessen erstattete die Nichtraucher-Initiative Wiesbaden Anzeige wegen Körperverletzung gegen das Ehepaar Schmidt.

Körperverletzung! Die *Süddeutsche Zeitung* musste es den Wiesbadenern erklären: »Wasser kommt, Wasser geht, die Schmidts rauchen. Das ist hier so. Hamburg ist nicht Wiesbaden.« Der Rauch-Rebell aber rechnete nach. Dreimal habe die Staatsanwaltschaft gegen ihn ermittelt: 1944 wegen Wehrkraftzersetzung, als er Witze über die Nazis gemacht habe; 1962 in der »*Spiegel*-Affäre« wegen Beihilfe zum Landesverrat – »und das dritte Mal muss jetzt gewesen sein«.

Da lachte sogar der Hamburger Staatsanwalt und wollte eine »Körperverletzung durch das Ehepaar Schmidt« nicht erkennen. Und der Senat ließ aus dem Munde seines Sprechers verkünden: »Bei der Anwendung des Rauchverbots wird die Staatskanzlei, sollte sich eine solche Frage einmal im Zusammenhang mit Ehrenbürger Helmut Schmidt stellen, seine Verdienste für die Stadt angemessen berücksichtigen.«

In Wiesbaden begriff man das vielleicht nicht. Die Hamburger aber, die ihren Schmidt kannten, wussten, was im Notfall zu tun war. So wie der Intendant des Winterhuder Fährhauses, der – Rauchverbot hin oder her – Tisch und Aschenbecher herbeischaffen ließ. »Ja, das habe ich getan«, bekannte Michael Lang und bereute nichts. »Sonst wäre ja auf den Teppich geascht worden.«

EIN ORT DES
FREIEN GEISTES

≈

Lichtwarkschule

Hinter diesen Schulmauern, keinen Steinwurf vom Stadtpark entfernt, hat Helmut Schmidt am 16. März 1937 sein Abitur bestanden. Vor uns auf dem Tisch liegt das Abiturientenverzeichnis der Heinrich-Hertz-Schule, viele hundert Seiten dick. Die Schulleiterin hat es, nicht ohne Stolz, auf Seite 21 aufgeschlagen. Dort steht in feiner, schwarzer Tintenschrift: »Schmidt, Helmut. Geburtstag: 23. 12. 18. Stand des Vaters: Studienrat. Berufswunsch: Dipl.-Ingenieur«.

Helmut Schmidt war Abiturient Nr. 499 an der »Deutschen Oberschule« am Grasweg, als diese noch den Namen Lichtwarkschule trug. Gemeinsam mit Loki war er zu Ostern 1929 eingeschult worden. Die beiden hingen an dieser Schule, noch im hohen Alter haben sie von ihr geschwärmt.

Mädchen und Jungen wurden gemeinsam unterrichtet, das war schon mal revolutionär.

1920/21 gegründet, hatte sich die Lichtwarkschule als einzige Oberschule in Hamburg reformpädagogischen Konzepten verschrieben. Engagierte Lehrer richteten den Unterricht nicht nur stark auf künstlerische und musische Fächer aus und bestanden – ganz wichtig – auf einer täglichen »Turnstunde«; sie bemühten sich auch um ein »Verhältnis auf Augenhöhe« zu den Schülerinnen und Schülern. So sagt es Susanne Hilbig-Rehder, die Leiterin der Heinrich-Hertz-Schule, in welche die Lichtwarkschule aufgegangen ist. In dem nach Plänen von Hamburgs großem Baumeister Fritz Schumacher errichteten roten Backsteinbau habe »der Reformgeist der Weimarer Republik« geweht.

So hat es auch Helmut Schmidt empfunden. Er habe, schrieb er später, »damals sehr viel Glück gehabt: eine Schule, die in ihrem musischen und literarischen Geist der nationalsozialistischen Geistlosigkeit widerstand«. In seinem Buch *Weggefährten* hat er das Lob seiner Lehrer gesungen. Hermann (Papi) Schütt etwa: »ein musikantisch hochbegabter, mitreißender Musikpädagoge (…), der mit den von ihm einstudierten und geleiteten Aufführungen die ganze Schule begeistern konnte«. Oder der Zeichenlehrer Johnny Börnsen: »Börnsen ließ uns malen, formen, schnitzen. Das Selbermachen war ihm wichtig zum richtigen Betrachten und Verstehen von Kunst. Die ganze Schule liebte Börnsen.«

Ein solcher Ort des freien Geistes konnte unter den Nationalsozialisten keinen Bestand haben. Nach der Machtergreifung 1933 wurde sogleich der Schulleiter ausgewechselt. Die jüdischen Lehrer Ernst Loewenberg und Hans Liebeschütz wurden aus dem Dienst entlassen. Helmut und Lokis langjähriger Englischlehrer Gustav Heine, ein überzeugter Kommunist, wurde verhaftet. Nach und nach mussten die jüdischen Schüler die Schule verlassen, viele gingen mit ihren Familien in die Emigration.

Helmut Schmidt war 1933 erst vierzehn Jahre alt. Vielleicht hat er die Härte des Bruchs deswegen nicht vollständig verstehen können. Vielleicht hat er sich die folgenden Jahre der Gleichschaltung im Rückblick auch etwas schöngeredet. Jedenfalls schrieb er später: »Die Schule, die Schüler der oberen Klassen und das restliche Kollegium haben einen Teil der Nazi-Lehrer gewissermaßen umgedreht, so dass diese sich an unserer eigenartigen Schule wohl fühlten.« 1937, kurz nachdem Helmut Schmidt die Reifeprüfung bestanden hatte, wurde die Schule aufgelöst.

Die Älteren sahen naturgemäß klarer, welche Barbarei da heraufzogen war. Ob es die Ermutigung zu Widerspruch, zu eigenständigem, kritischem Denken war: Vergleichsweise viele Schüler und Schülerinnen der Lichtwarkschule gingen in den Widerstand. Die mutige Deutschlehrerin Erna Stahl, der Helmut Schmidt nach eigenem Bekunden sein »allererstes Verständnis für Literatur« verdankte, wurde 1943 verhaftet; sie gehörte dem Hamburger Zweig der »Weißen Rose« an.

Im alten Lichtwarkgebäude, in dem heute die Oberstufe der Heinrich-Hertz-Schule untergebracht ist, erinnert eine Gedenktafel an die Schülerinnen und Schüler, die unter der NS-Diktatur ums Leben kamen. Diejenigen, die auf dem Weg zur Aula an der Tafel vorbeigehen, mahnt sie: »Vergesst nie, wie es dazu kommen konnte.«

Für die Lichtwarkschule sei 1933 das »Todesdatum« gewesen, schrieb später einer ihrer Lehrer. Nicht tot aber war die Idee der Reformpädagogik. Eine Schule solle nicht satt, sie solle »hungrig machen«, hatte sich Alfred Lichtwark gewünscht, der große Kunstpädagoge und erste Direktor der Hamburger Kunsthalle, dessen Namen die Schule am Stadtpark trug. Und hungrig hat diese Schule gemacht.

Mehr als achtzig Jahre später lebt noch immer etwas von ihrem Geist in der Heinrich-Hertz-Schule fort. Geht man das Treppenhaus zum Büro der Schulleiterin hinauf, dann ist dort zu lesen, worum sich die Schule bemüht: »Interkulturelles Lernen, globales Lernen, Menschenrechtsbildung und Demokratieerziehung, Umwelterziehung.« Man sei sich der Wurzeln der Schule bewusst, sagt Susanne Hilbig-Rehder. »Wir wollen unseren Schülern viel zutrauen. Wir wollen eine starke Gemeinschaft, eine starke Solidarität. Und wir wollen, dass die Schüler Urteilskraft erwerben.«

Es ist eine große Schule, 1400 Kinder und Jugendliche mit mehr als dreißig Nationalitäten werden hier unterrichtet. Die Schulleiterin wünscht sich Schüler, die politisch interessiert sind, und skeptisch. »Mich irritiert das, wenn Menschen machen, was ich sage«, lacht sie. »Wenn Schüler mir alles glauben. Das finde ich beängstigend. Und das sage ich ihnen auch. Das irritiert dann wiederum die Schüler.«

Es ist ein schöner Zufall, dass auch der freie, widerspenstige Wolf Biermann hier zur Schule ging, der später die DDR-Obrigkeit herausforderte. 1948 kam er in die Heinrich-Hertz-Schule, verließ aber vor dem Abitur Hamburg in Richtung Ost-Berlin. »In Hamburg habe ich den Klassenfeind bestraft, indem ich nie Schularbeiten gemacht habe.«

Schlägt man das Abiturientenverzeichnis noch einmal auf, dann zeigt ein halbes Dutzend untereinandergesetzter Schulstempel, welch langen Weg die einstige »Deutsche Oberschule« über die »Oberschule am Stadtpark«, die »Oberschule für Jungen«, die »Kooperative Gesamtschule« (1968!) bis zur »Stadtteilschule mit Gymnasium« gegangen ist.

Aber diese Schule hat sich ihre ganz eigene Tradition bewahrt, und den Stolz darauf. Sie weiß ihre Schätze zu pflegen. Die wunderbare Orgel in der Aula etwa, in den zwanziger Jahren geschaffen von dem Schriftsteller und Orgelbauer Hans Henny Jahnn. Bis heute finden monatlich Orgelkonzerte statt. Mitte der siebziger Jahre hat sich Helmut Schmidt noch einmal an die Orgel gesetzt; er bat zu jener Zeit um Spenden für die Renovierung des Instruments.

Ansonsten aber haben sich die Schmidts rargemacht. Helmut Schmidt habe sich nicht für Schulwerbezwecke vereinnahmen lassen wollen, erklärte ein früherer Schulleiter diese Distanz. Dabei hat Schmidt seiner alten Schule viele Male kleine schriftliche Denkmäler gesetzt. »Zwar hat meine Lichtwarkschule«, schrieb er einmal, »(...) mich wahrscheinlich nicht besonders Pisa-tauglich gemacht; wohl aber hat sie mich für das Leben gelehrt, kritisch zu denken und selbstständig zu arbeiten.« Wenn das keine Werbung ist für jene, die das Lichtwark-Erbe lebendig halten.

Vorschuss an Vertrauen

≈

Buchhandlung Dr. Götze

Als im Februar 1962 während der großen Flut das Wasser der Elbe immer höher stieg, klingelte bei dem Buchhändler Dr. Walter Götze gegen Mitternacht das Telefon. Die Karten würden gebraucht, stieß der Anrufer aus der Hamburger Innenbehörde hervor. Die Karten, das waren die Grundkarten für die gefährdeten oder schon überfluteten Stadtgebiete. Also schickte Walter Götze seinen Sohn Andreas hinaus in die sturmdurchtoste Nacht zum Laden an der Hermannstraße 7, um den herbeigeeilten Beamten die Karten auszuhändigen.

»Der Laden war damals mit der Auslieferung für das Hamburger Vermessungsamt beauftragt«, erzählt Andreas Götze mehr als ein halbes Jahrhundert später. Die Helfer benötigten die Karten dringend, um ihre Einsätze zu planen. Welche Häuser waren bedroht? Um das zu wissen, brauchte es die Blätter der Deutschen Grundkarte, Maßstab 1:5000. »Da können Sie jedes Haus einzeln sehen«, erklärt Andreas Götze.

Möglich, dass der Polizeisenator seinen Leuten die Order gegeben hatte: Ruft den Doktor Götze an, der muss die Karten rausrücken. Der Polizeisenator hieß damals Helmut Schmidt, und keine andere Hamburger Buchhandlung war dem ehrgeizigen Politiker so vertraut. Deren Eigentümer hatte Schmidt auf seinem Weg nach oben mit väterlichem Wohlwollen beobachtet. Kennengelernt hatte Walter Götze ihn Ende der vierziger Jahre. Da hatte er am Ballindamm, gleich um die Ecke von der Hermannstraße, gerade seine Buchhandlung aufgemacht. Helmut Schmidt studierte an der Hamburger Universität Volkswirtschaft. Und er war finanziell klamm.

Götze half. In seinem Buch *Weggefährten* hat Schmidt ihm dafür einen Kranz gewunden. »Bei ihm konnte man Stadtpläne von Shanghai oder São Paulo oder eine detaillierte Landkarte von Australien oder Neuseeland kaufen (...). Mir hat er in der Reichsmarkzeit Fachbücher für mein Studium verkauft, die ich nicht bezahlen konnte. ›Ich weiß‹, sagte er, ›dass aus Ihnen später mal was Ordentliches werden wird. Sie können später bezahlen.‹ Was ich getan habe, später.«

Schmidt und seinen Vater, so schildert es Andreas Götze, habe eine gegenseitige Sympathie verbunden. Und das gemeinsame Interesse an Literatur, Philosophie, Musik. »Beide waren große Bach-Fans.« Wenn Schmidt sich über Neuerscheinungen informieren wollte, ging er zu Götze, in dessen Sortiment damals auch Belletristik und allgemeines Sachbuch zu finden waren, stöberte in den Regalen, ließ sich beraten. So hielt er es noch, als es mit seiner politischen Karriere bereits steil aufwärtsging. Helmut Schmidt fühlte sich wohl in der Hermannstraße 7. Gewissermaßen zu Hause.

Einmal, erinnert sich Andreas Götze, sei Schmidt hereingekommen, mitten im Trubel des Vorweihnachtsgeschäfts. Guck mal, der Schmidt, hätten die anderen Kunden gestaunt. »Hat sich erst mal hingesetzt, eine Tüte mit Brötchen ausgepackt und reingebissen. ›Sie haben doch nichts dagegen?‹, habe er zu seinem Vater gesagt. ›Ich habe so einen Hunger.‹ Dass die Leute ihn angeguckt haben, das interessierte ihn überhaupt nicht.«

Der »gediegene hamburgische Facheinzelhandelskaufmann (...), der auf seinem Gebiet erste Klasse darstellt« – so hat Helmut Schmidt einmal Inhaber von Geschäften wie der Buchhandlung Götze gerühmt. »Dr. Götze war der Fachmann für Landkarten.« Man kann es auch so sagen: Für jeden, der die Welt erkunden will, ist dieser Laden bis heute ein kleines Paradies. Weil der Reisende alles finden wird. Ob er mit dem Rad die Elbe entlang von Cuxhaven bis zum Elbsandsteingebirge fahren oder in den Abruzzen wandern will, er wird das passende Kartenmaterial finden. Und natürlich den Stadtplan für Shanghai oder São Paulo.

Dr. Götze Land & Karte, wie die Buchhandlung offiziell heißt, die ihren Laden nach mehreren Umzügen heute am Alstertor hat, ist das wohl größte geographische Fachgeschäft in Deutschland. Landkarten, Reiseführer, Atlanten, Globen – darum dreht sich hier alles.

Und so kommen sie aus Stade, Buxtehude und Bad Segeberg, um sich für den Aufbruch in die Welt zu rüsten. Aber wie schafft man es, all die ausgefallenen Wünsche zu erfüllen? »Wir wissen, wo man die Dinge bekommt«, versichert Geschäftsführer Pedro M. Arez.

Da gab es nach dem Auseinanderfallen Jugoslawiens diesen Kartenhändler in Belgrad. Der lieferte sein Material mit dem Bus zum Zentralen Omnibusbahnhof in Hamburg. »Der Busfahrer kam hier in den Laden, lieferte die Karten ab, gab uns die Rechnung, wir zahlten in bar. Und er fuhr mit dem Bus nach Belgrad zurück.«

In Stuttgart wiederum sitzt ein Großhändler mit einem riesigen Lager voller russischer Karten. In der einstigen Sowjetunion, muss man dazu wissen, wurde das Kartenwesen sehr gepflegt. Die besten Karten über die Wüsten dieser Erde kamen aus Moskau. »Bestimmte Gegenden in Libyen waren auf westlichen Karten nicht zu finden. Aber die Russen hatten das alles kartiert.«

Nicht zu vergessen die portugiesischen Militärkarten. Die gelten als besonders genau. Nach der Nelkenrevolution 1974 kam man da gut ran.

Man streift durch den Laden, beginnt, wie es sich gehört, in »Übersee«. Erst dann folgen Deutschland und Europa. Wobei klar ist: Auch der Hamburger entdeckt die Welt am liebsten erst einmal daheim. Geschäftsführer Arez: »Ich sage meinen Mitarbeitern immer: Die Heidschnucken-Karte, die muss an der Kasse liegen, weil die Leute gern in die Lüneburger Heide gehen.«

Es könnte alles so schön sein, wäre da nicht die Digitalisierung. Google ist nun einmal umsonst, und fast jedes Auto ist inzwischen mit GPS ausgestattet. Bei den Stadtplänen ist der Umsatz deshalb um 80 bis 90 Prozent zurückgegangen. Muss man erst mal verkraften. Auch bei Dr. Götze werden inzwischen Karten mit einem Code für die digitale Zusatzkarte angeboten.

Helmut Schmidt hat sich an digitale Karten nicht mehr gewöhnen müssen. Die Buchhandlung Götze war seit Studententagen sein eigenes kleines Tor zur Welt. Er blieb dem Laden treu. »Beim Abendbrot hieß es immer mal wieder: Helmut Schmidt war heute da«, erzählt Andreas Götze. Aus dem Studenten Schmidt war da längst was Ordentliches geworden.

Den Vertrauensvorschuss hat er seinem Lieblingsbuchhändler nicht vergessen. Viele Jahre später, Helmut Schmidt saß schon im Rollstuhl und konnte seine Bücher nicht mehr selber besorgen, trug er seinen Mitarbeitern stets auf: Guckt erst mal, ob ihr das bei Dr. Götze findet.

EIN GUTES GEFÜHL FÜR KUNST

≈

Galerie Herold

Es war 1983, erinnert sich Rainer Herold, »da ist er eines Tages unangemeldet aufgetaucht, ein Sicherheitsbeamter draußen, einer drinnen«. Helmut Schmidt betrat Herolds Galerie, damals noch in der Poststraße, schaute sich um und fand Gefallen an einem Gemälde des eher unbekannten Malers Paul Bollmann, eine Hafenszene, die ihn an ein Bild des Franzosen Albert Marquet erinnerte. »Das hat er bei mir erworben«, sagt Rainer Herold. Für 3000 oder 4000 Mark.

Von diesem Tag an riss das Gespräch über die Kunst zwischen dem Ex-Kanzler und dem Galeristen drei Jahrzehnte lang nicht mehr ab. Elf Bilder hat Helmut Schmidt bei Herold gekauft. Sie fanden ihren Platz in Schmidts Langenhorner Haus, wo an den Wänden von Wohnzimmer, Esszimmer und Diele die Gemälde dicht an dicht hängen: Emil Nolde, Paula Modersohn-Becker, Otto Modersohn, Oskar Kokoschka, Bernhard Heisig. Eine sehr persönliche Sammlung, zusammengetragen von einem Politiker, der stets als großer Pragmatiker galt und doch ohne Kunst, Musik und Literatur nicht leben und auch nicht arbeiten konnte.

Zweimal zog die Galerie Herold um, von der Poststraße an den Loogeplatz in Eppendorf, dann zurück in die Innenstadt, wo sie heute in den Colonnaden ihre Räume hat, gleich hinter dem Hotel Vier Jahreszeiten. Am Loogeplatz kamen Helmut und Loki Schmidt einmal kurz vor Weihnachten zu einer Vernissage. Ihr Blick fiel auf ein Gemälde von Ernst Eitner, Gründungsmitglied des Hamburgischen Künstlerclubs von 1897: Ein Dampfer auf der Binnenalster, vor der Silhouette der Stadt in der Abendsonne. »Das haben sie sich gegenseitig zu Weihnachten geschenkt.«

War ein Bild erworben, machte sich Rainer Herold damit auf den Weg nach Langenhorn. »Das wurde dann ein bisschen zelebriert.« Kaffee und Kuchen standen schon bereit. »Ich habe das Bild ausgepackt. Wir haben uns eine halbe Stunde unterhalten. Und dann haben wir an der Wand einen Platz gesucht. Am Ende hat mir Loki immer selbstgemachten Quittengelee geschenkt.«

Im November 2005, zur Eröffnung der neuen Räume in den Colonnaden, kamen unangekündigt auch die Schmidts. Sie nahmen auf dem roten Sofa Platz, vierhundert bis fünfhundert Gäste standen um sie herum. Rainer Herold begrüßte alle, dankte den Schmidts für ihr Kommen: Er sei nur ein bisschen enttäuscht, dass Loki ihm keinen Quittengelee mitgebracht habe.

Am nächsten Tag erschien Helmut Schmidts Fahrer in der Galerie und überreichte eine Tüte mit dem schmerzlich vermissten Gelee.

»Wir mochten uns«, sagt Rainer Herold. Über Politik sei nie gesprochen worden. Schmidt habe ein gutes Gefühl für Kunst gehabt. »Bei ihm spielte der Bauch eine Rolle. Da ich auch ein Bauchmensch bin, haben wir uns gut verstanden.« Dachte Schmidt über einen Kauf nach, hieß es entweder: Nee, kann ich mir nicht leisten. Oder: Schicken Sie mir die Rechnung. »Meist hieß es: Schicken Sie mir die Rechnung.«

Heute steht in der Galerie eine Bronze-Skulptur von Helmut Schmidt. Gleich, wenn man reinkommt, links. Der Maler und Bildhauer Rainer Fetting hat sie geschaffen. Er hat die Skulptur ein wenig angemalt, auf die Spitze der Zigarette in Schmidts linker Hand hat er gelbe und rote Farbe getupft. So als glühte sie noch.

»Das ist Herzblut«

≈

Kurt-Schumacher-Haus

Für den Fall, wenn mal was ist«: Für diesen Fall sollte das Haus in sicheren Händen sein. Als die Hamburger SPD Mitte der fünfziger Jahre eine neue Parteizentrale baute, waren die Wunden der Diktatur noch nicht verheilt. Viele Genossen hatten in den Konzentrationslagern und in den Kellern der Gestapo gelitten oder waren umgebracht worden. Und die Nazis, das war auch nicht vergessen, hatten der Partei die Gebäude genommen.

Falls wir noch einmal in den Widerstand gehen müssen, dann soll man uns nicht unsere Zentrale klauen können, dachten sich damals die Hamburger Sozialdemokraten. Und deshalb gehört das Kurt-Schumacher-Haus nicht der SPD, sondern der Baugemeinschaft Besenbinderhof e.V. »Das ist ein kleiner Verein mit handverlesenen Mitgliedern, ehemalige Landesvorsitzende sind da drin«, sagt Helmuth Frahm, selbst von 1991 bis 1994 SPD-Landeschef.

Für eine D-Mark konnten die Hamburger Genossen einen Backstein kaufen, »und das haben ganz viele gemacht«, erzählt Frahm. Die SPD hatte in der Hansestadt damals über dreißigtausend Mitglieder, es kam eine ordentliche Summe zusammen. 1957 wurde das Gebäude eingeweiht, Parteichef Erich Ollenhauer reiste zur feierlichen Eröffnung an.

Das Haus – im Parteijargon »KuSchu« genannt – ist inzwischen denkmalgeschützt, aber schön ist es eigentlich nicht, ein gesichtsloser, siebenstöckiger Zweckbau. Man fährt auf der Ausfallstraße Richtung Bergedorf rasch daran vorbei, ohne dass der Blick hängen bleibt. Nur im Inneren verleihen die ausladenden Treppen, die sich von Stockwerk zu Stockwerk schwingen, dem Gebäude eine gewisse Leichtigkeit, ja Eleganz. Die Glastüren im Treppenhaus sind von roten Metallrahmen eingefasst, der einzige Hinweis auf den politischen Geist, der hier weht.

Besonders von Mitte der siebziger Jahre an, Willy Brandt war als Kanzler zurückgetreten, ging es hier hoch her. Hans-Ulrich Klose, Klaus von Dohnanyi, Henning Voscherau, Ortwin Runde – die sozialdemokratischen Bürgermeister mussten in den Stürmen der Zeit ihre Mehrheiten organisieren. Die Partei rieb sich in Richtungskämpfen auf. Berufsverbote, Atomkraft, Nachrüstung, Hafenstraße – Linke und Rechte gingen sich an die Gurgel, als gäbe es keine Opposition, als müsse nur der innerparteiliche Gegner niedergerungen werden. Und so war es im Grunde auch, denn in der Hansestadt regierte die SPD und sonst niemand.

Helmut Schmidt war da schon längst nach Bonn in die Bundespolitik entschwunden. Nach Hamburg kam er, um den Genossen die Leviten zu lesen und sie auf den Boden der Tatsachen zurückzuholen. Helmuth Frahm, ein Achtundsechziger der leisen Art, sagt heute, seine Generation müsse bei Schmidt eigentlich Abbitte leisten, zumindest was den NATO-Doppelbeschluss angehe. Auch habe man es gegenüber den Älteren, die noch im Widerstand gegen die Nazis gestanden hätten, oft an Respekt mangeln lassen. »Das hat Schmidt unheimlich erbost.«

Nicht dass der nicht auch austeilen konnte. »Ihr beschäftigt euch mit der Krise des eigenen Hirns statt mit den ökonomischen Bedingungen, mit denen wir es zu tun haben«, bescheinigte er seiner Hamburger SPD auf dem Landesparteitag 1974. Er registrierte genau, so erinnert sich Helmuth Frahm, »wer ist gegen mich, und wer ist für mich?«. Am Ende, im Streit um die NATO-Raketen, waren fast alle gegen ihn. Aber als er das Misstrauensvotum gegen Helmut Kohl verlor, da haben sie ihn am Neubergerweg mit Fackeln empfangen.

Die großen Redeschlachten jener Jahre wurden nicht im Kurt-Schumacher-Haus ausgetragen, sondern nebenan im Gewerkschaftshaus am Besenbinderhof. Im »KuSchu« tagten – und tagen immer noch – die Gremien: der Landesvorstand etwa oder die Vorsitzenden-Runde, ein noch kleinerer Kreis. Hier wurden die Strippen gezogen.

Die Vorsitzenden-Runde – Bürgermeister, Landesvorsitzender, Fraktionschef und Landesgeschäftsführer – traf sich im schmucklosen Raum 104, im ersten Stock. Helmuth Frahm zeigt auf einen kleinen braunen Schrank mit abschließbarer Tür. Darin stand immer eine Flasche Asbach Uralt, zu der einer seiner Vorgänger nach besonders aufreibenden Sitzungen griff.

Der große Sitzungssaal eine Tür weiter besaß einst herrliche rote Ledersessel, auf denen die Mitglieder des Landesvorstandes sich bequem nach hinten lehnen konnten. Heute lassen strenge Holzstühle ein baldiges Ende der Debatten herbeisehnen. Die roten Ledersessel wurden versteigert, zwei stehen in Frahms Wintergarten, und er weist seine Gäste gern darauf hin, dass schon Herbert Wehner und Helmut Schmidt auf ihnen gesessen haben.

Zwischen 1953 und 1987, solange er Bundestagsabgeordneter war, hatte Schmidt im Schumacher-Haus sein Hamburger Büro. Die Empfangsdamen, die unten neben dem Eingang im Glaskasten saßen, schwärmten von ihm, weil er sie immer mit Namen grüßte. Helmuth Frahm rechnet es Schmidt hoch an, dass er bei aller Schroffheit, die er gern vor sich hertrug, den Leuten nicht von oben herab begegnete: »Den normalen Genossen, die im Wahlkampf bei Wind und Wetter rausgingen, denen ist er mit riesigem Respekt begegnet. Den Gewerkschaftsleuten, den Betriebsratsvorsitzenden. Viele kannte er mit Namen.«

In einer Genossin allerdings hat er sich getäuscht. Seine langjährige Sekretärin im Kurt-Schumacher-Haus, die auch für andere Abgeordnete arbeitete, entpuppte sich nach der Wende als Spionin der Stasi. Die »Kundschafterin des Friedens« trat nach ihrer Enttarnung sofort aus der Partei aus. Ihr wurde der Prozess gemacht, und sie wurde zu neun Monaten Haft verurteilt sowie zur Rückzahlung von 35 000 Mark Agentenlohn.

Die Mauern dieses von außen so seelenlosen Hauses können also ein paar aufregende Geschichten erzählen, von Machtkämpfen und Eitelkeiten, Aufstieg und Fall, Freundschaft und Intrige, Verlust und Verrat.

Und für den Fall, wenn mal was ist, wird man das Haus zu schützen wissen. Denn »dies ist Herzblut«, sinniert der alte Landeschef Frahm, »das kann man wirklich so sagen. Die Steine und die Spenden, das ist Herzblut.«

Bei Wind und Schietwetter

≈

Der Mützenmacher

Um den größten Irrtum gleich aufzuklären: Helmut Schmidt trug keine Prinz-Heinrich-Mütze. Das muss Lars Küntzel wohl wissen, schließlich ließ Schmidt bei ihm seine Mützen machen. »Das sind grundverschiedene Mützen«, erklärt Küntzel. »Die Form ist anders, die Dekoration an der Seite ist anders, außerdem hat die Prinz-Heinrich-Mütze einen Lackschirm.«

Nein, Schmidt trug einen Elblotsen. Weiß in Hamburg eigentlich jeder. Was den Elblotsen unverwechselbar macht? »Die Doppelkordel über dem Schirm. Der hohe Steg. Und das Eichenlaubband.«

Helmut Schmidt auf der Chinesischen Mauer, auf dem Roten Platz, in Washington, London und Paris – nie ohne Elblotsen. Es war wohl ein Bekenntnis zu seiner Heimatstadt, zugleich war es ein geniales Marketing. Man brauchte bloß die Mütze abzubilden, gleich sagten alle: Schmidt! Die Mütze war, neben Scheitel und Zigarette, Helmut Schmidts Markenzeichen.

Und sie fiel ihm nicht vom Kopf. »Wenn die Elblotsen über die Jakobsleiter an Bord der Schiffe geklettert sind«, erläutert Küntzel, »brauchten sie eine Mütze, die bei Wind und Schietwetter fest saß.«

Wir sprechen, Küntzel arbeitet. Seine Werkstatt liegt gleich neben dem Verkaufsraum. Steinstraße 21. Er hat 1992 den Laden übernommen, der bis heute »Mützenmacher Eisenberg« heißt. Walther Eisenberg betrieb das Geschäft in dritter Generation, seit Mitte der sechziger Jahre an der Steinstraße, davor am Dovenfleet. Die Zeit ist stehengeblieben in den beiden Räumen, in die kaum ein Strahl Sonnenlicht fällt. An der Wand ein leicht vergilbtes Foto von der Elbflut 1962, eine Spardose der Deutschen Gesellschaft zur Rettung Schiffbrüchiger in Form eines Rettungsbootes steht auf einem der Regale. Dekoration im Schaufenster? Schnickschnack! Mützen plus Preisschild, das muss reichen.

Achtzehn maritime Modelle gibt es bei Lars Küntzel zu kaufen, man kann wählen zwischen Fleetenkieker und Reepschläger, zwischen Elbsegler, Sommerelbsegler und Sommerelbsegler weiß. Henning Voscherau etwa, der frühere Erste Bürgermeister, trug Elbsegler. Von Küntzel.

Es gibt auch Panama-Hüte (aus Ecuador) bei ihm zu kaufen, Schiebermützen und sogar einen flotten Borsalino. Aber Lars Küntzel konzentriert sich auf sein Hauptgeschäft: »Grundsätzlich mache ich nur Schiffermützen selber. Hüte mache ich nicht, das ist ein anderer Beruf.« Eigentlich hat Küntzel Maschinenbau studiert, hatte dann aber keine Lust auf den Beruf. Warum stattdessen Mützenmacher? »Mein alter Herr kam auf die Idee, er hat seine Mützen immer hier bei Eisenberg gekauft.«

Nun sitzt er, erkennbar zufrieden mit der Welt, in seiner Werkstatt und näht. Zu seinen Füßen liegen die beiden Bulldoggen flach auf dem Boden und schnarchen im Schlaf leise vor sich hin. Natürlich wird bei Küntzel ausschließlich mit der Hand gearbeitet. Nehmen wir den Elblotsen. Der ist aus reiner Schurwolle, »Marine-Strichtuch«. Und das kommt aus der Tuchfabrik Mehler, 1644 im bayerischen Tirschenreuth gegründet.

Die Schmidt-Mütze wurde zum Sammlerstück. Eine hängt im Old Commercial Room gegenüber dem Michel. »Die ist aber nicht von mir«, sagt Küntzel etwas schroff. Woher er das weiß? »Wenn man die Mützen selber näht, dann erkennt man die.« Woran? »Eben an der Art zu nähen.«

Schmidt, Mützengröße 58 ½ – »Das ist der Kopfumfang in Zentimetern« – hat schon bei Walther Eisenberg gekauft. Er blieb Küntzels treuer Kunde. Tragik seines Mützenmacherlebens: Küntzel hat Schmidt nie gesehen! »Immer, wenn Helmut Schmidt hier war, war ich im Urlaub oder auf einer Messe oder gerade nicht im Laden.« Einmal hat er Schmidt nur um eine Viertelstunde verpasst.

Heute wird der Elblotse nicht mehr so sehr von den Elblotsen gekauft, sondern von den Helmut-Schmidt-Fans. Gibt es von denen denn genug? »Yooh!« Auch sonst laufen die Geschäfte offenbar nicht schlecht. Der Kasten mit den Bestellungen quillt jedenfalls über. Auch Frauen kaufen jetzt bei ihm. Und das ist neu. »Normal habe ich 90 bis 95 Prozent Herren.«

Die Erklärung: Im Dezember 2017 hat Karl Lagerfeld in der Elbphilharmonie eine spektakuläre Modenschau in Szene gesetzt. Und die Chanel-Models trugen Schiffermützen. Dazu spielte ein Orchester »La Paloma«. Seitdem floriert bei Küntzel das Geschäft mit den Frauen. »Die Mädels haben den Elbsegler für sich entdeckt!« Sogar in der *Vogue* erschien ein Artikel über Küntzel. Jetzt hat er Kundinnen, die, wenn ihnen eine Mütze gefällt, sagen: »Dann nehme ich zwei oder drei.« Küntzel staunt.

Helmut Schmidt hatte immer nur einen Elblotsen. Preis: 75,50 Euro. Aber er verschenkte gern mal eine Mütze, kaufte deshalb öfter eine neue.

Einmal fragte das Bonner Haus der Geschichte beim Altkanzler an, ob er dem Museum eine seiner Mützen vermachen könne. Das gehe nicht, ließ Schmidt ausrichten, er habe nur eine, und die sei in Gebrauch.

Aber dann saß er bei seinem Friseur, nur eine Ladentür entfernt von seinem Mützenmacher, und überlegte sich, eine neue Mütze zu kaufen.

»In die alte hat er noch seinen Namen geschrieben«, erinnert sich sein Fahrer Hans-Peter Lambertz, »dann musste ich die mit nach Bonn nehmen.« Dort ist sie seither zu sehen, die Mütze des Lotsen von der Elbe.

Die Liebe zu den Expressionisten

≈

Kunsthalle

Als hätte Helmut Schmidt die Gemälde, die Zeichnungen, Radierungen und Skulpturen selbst ausgewählt. Man geht durch die Hamburger Kunsthalle und begegnet auf Schritt und Tritt Kunstwerken, die Schmidt geliebt haben muss. Die er vielleicht immer wieder betrachtet hat. Das beginnt im Untergeschoss zwischen der Galerie der Gegenwart und dem »Gründungsbau« von 1869. Im Sommer 2017 wurde dort die Ausstellung »Die Kunst ist öffentlich – Vom Kunstverein zur Kunsthalle« gezeigt. Gleich der erste Blick fällt auf den »Singenden Mann« von Ernst Barlach. Mit beiden Händen hält der sitzende Sänger das rechte Knie fest umschlossen, singt mit geschlossenen Augen aus vollem Halse. Ein Bronzeguss der Skulptur steht bis heute im Esszimmer in Langenhorn. Schräg über dem »Singenden Mann« hängt in der Kunsthalle ein wunderbares Gemälde von Ernst Eitner (»Teichufer im Vorfrühling«) – auch das Langenhorner Esszimmer schmückt ein Eitner. Schmidt schätzte den »Monet des Nordens« sehr.

So gehen wir in der Kunsthalle von Raum zu Raum und denken: Dieser Manet dürfte ihm gefallen haben oder dieser Degas. Oder dieser Cézanne. Und natürlich dieser Schmidt-Rottluff und dieser Kirchner. Den deutschen Expressionisten galt ja seine große Liebe, allen voran dem sehr norddeutschen und leider ziemlich NS-begeisterten Emil Nolde. Als die Kunsthalle im Jahr 2015 die Ausstellung »Nolde in Hamburg« zeigte, schrieb Helmut Schmidt das Geleitwort. »Die erste

Begegnung mit einem Werk Noldes geschah (...) zufällig, als ich 1948 zwei Tage in London war. Ich stieß auf das Schaufenster eines Antiquariats, in welchem unter anderem eine Nolde'sche Radierung ausgestellt war, ein mit wenigen Strichen dargestellter Schlepper auf der Elbe. Ich war davon elektrisiert und habe alsbald mein Bargeld nachgezählt, ob es wohl reichte. Es war das zweite Mal, dass ich ein Kunstwerk kaufte – dies liegt heute beinahe sieben Jahrzehnte zurück, und ich bin Emil Nolde treu geblieben.«

Treu blieb er auch der Kunsthalle. Er hat sich wohlgefühlt in dieser überschaubaren, aber großartigen Sammlung neben den Bahngleisen am Hauptbahnhof. Sein Leben lang hat er immer wieder mal vorbeigeschaut, hat noch einmal die Werke der im »Hamburgischen Künstlerclub« von 1897 versammelten Maler (Ernst Eitner, Arthur Illies, Paul Kayser, Julius von Ehren) betrachtet. »Ich bin kein Kunstkenner«, schrieb Schmidt im Geleitwort zur Nolde-Ausstellung, »sondern nur ein Mensch, der sich an Werken der Kunst freuen kann.« Und er fügte hinzu: »Mein Verständnis für Kunst verdanke ich der Lichtwark-Schule.« Schmidt rühmte die Schule wegen ihrer musischen Erziehung und ihrer von manchen Lehrern verteidigten geistigen Freiräume in den düsteren Jahren der heraufziehenden NS-Zeit immer wieder. Sie trug den Namen Alfred Lichtwarks, des ersten Direktors der Kunsthalle.

Es ist viele Jahre her, da traf ich Helmut Schmidt an einem Wochenende zufällig in der Kunsthalle. Loki und er kamen uns an der Garderobe entgegen, die damals noch am Eingang des Erweiterungsbaus von 1919 eingerichtet war. Was ihm diesmal besonders gefallen habe? »Gehen Sie ins Café Liebermann«, empfahl uns Schmidt. »Sehr guter Kuchen!«

»Henry, mach das, ich bin da auch«

≈

Handelskammer

Helmut Schmidt versteckte seinen Ehrgeiz nicht. Er wollte mit am Tisch sitzen, wenn sich die Mächtigen und die Wichtigen trafen. Nach dem Studium war er in der Hamburger Wirtschaftsbehörde rasch aufgestiegen, war Leiter des Verkehrsamtes geworden. So sollte es weitergehen. Nächstes Karriereziel war der Vorstand der Hamburger Hafen- und Lagerhaus-Aktiengesellschaft (HHLA). Aber davon wollte der damalige Wirtschaftssenator Karl Schiller nichts wissen. Schmidt, schwer enttäuscht, ließ sich stattdessen in den Bundestag wählen und ging nach Bonn.

Es blieb der Wille, sich den Respekt der Wirtschaft zu verdienen, nicht zuletzt den der Hamburger Kaufleute. Deshalb betrachtete er mit Wohlgefallen einen 1968 erschienenen Bildband über wichtige Hamburger. Er hatte darin ein Foto von der »Versammlung Eines Ehrbaren Kaufmanns« gefunden, dem traditionsreichen Silvester-Treffen in der Handelskammer. »Ich war ein wenig stolz, als ich mich dort entdeckte; denn ich fühlte mich tatsächlich zugehörig.«

In der Freien und Hansestadt, die keinen Fürsten und keinen König kannte, machte das Bürgertum schon immer Politik. Jede der »alten Familien« schickte irgendwann einmal einen Senator oder einen Bürgermeister ins Rathaus. Das wurde schwieriger, als nach dem Ersten Weltkrieg die Sozialdemokraten stärkste politische Kraft wurden. Noch in den Weimarer Jahren, schrieb Helmut Schmidt, habe die Kaufmannschaft den Sozialdemokraten »skeptisch bis feindselig« gegenübergestanden. Selbst nach dem Zweiten Weltkrieg sei für die Handelskammer die Zusammenarbeit mit der regierenden Sozialdemokratie noch keineswegs selbstverständlich gewesen. »Man gründete geschichtlich und vor allem ideologisch in patrizischen Denktraditionen.«

Nikolaus W. Schües, lange Jahre Präses der Handelskammer und Schmidt freundschaftlich verbunden, sieht das anders: »Der Hamburger Kaufmann war immer schon ein sehr sozial eingestellter Zeitgenosse.« Deshalb habe es auch keine Probleme mit der SPD gegeben. Kaufleute und Sozialdemokraten, meint Schües, »konnten einfach miteinander«. In Hamburg, wohlgemerkt. Und bei einem wie Schmidt. »Der war ein Hamburger Sozi! Ein Hamburger Sozi ist ja ganz was anderes.«

War die Nähe zur CDU nicht viel größer? »Nee, nee, nee, nee«, widerspricht Schües. Bürgermeister Ole von Beust zum Beispiel sei auf die Handelskammer regelrecht »eifersüchtig« gewesen. Ein ausländischer Gast, der erst das Rathaus und dann die Handelskammer besuchte, habe sich bei von Beust mit den Worten verabschiedet, er gehe nun »zur eigentlichen Regierung«. Das habe Beust ihm selbst erzählt. Schües muss herzlich lachen.

Handelskammer und Senat, muss man wissen, sitzen in Hamburg unter einem Dach. Und zwischen beiden Gebäuden gibt es einen Verbindungsgang. »Den Schlüssel zu dem Gang hat die Kammer«, erzählt Schües mit Behagen. »Das war immer so. Die Kammer konnte ins Rathaus, aber das Rathaus musste anrufen, damit man aufschließt.«

Den selbstbewussten Sozialdemokraten Helmut Schmidt hat der Einfluss der Handelskammer nicht gestört. Im Gegenteil, er suchte ihre Nähe und ihren Rat. Mit Alwin Münchmeyer, dem Bankier, aktiven CDU-Mitglied und Präses der Kammer, war er befreundet. Man kannte sich seit den fünfziger Jahren. Alwin Münchmeyer war damals nach eigenem Bekunden »überrascht darüber, dass ein junger Sozi so intelligente Fragen stellen konnte«. Was ihm an dem jungen Politiker Helmut Schmidt gefiel? »Er handelte. Er lamentierte nicht lange, sondern traf Entscheidungen und betrieb das Geschäft der Politik mit unternehmerischem Elan. Das gefiel mir.«

Schmidt pflegte die Freundschaft, obwohl er das gesellschaftliche Gefälle genau registrierte: Hier der Privatbanker mit dem »repräsentativen Geschäftshaus« an der Binnenalster und dem »Wohnhaus hoch über der Elbe«, dort der »Enkel eines ungelernten Stauerei-Arbeiters« mit Reihenhaus in Langenhorn und kleiner Essecke neben der Küche. »Aber die beiden Münchmeyers kamen in die Essecke wie umgekehrt die beiden Schmidts in das große Haus über der Elbe.«

Den Respekt der Hamburger Kaufleute hatte sich der Sozialdemokrat Schmidt da längst erworben. »Er war durchaus forsch«, erinnert sich Nikolaus Schües. Nicht immer war man einer Meinung, aber da sei es um Details gegangen; in der strategischen Analyse sei Schmidt brillant gewesen.

Enthusiastisch unterstützte der Altkanzler den Plan der Handelskammer, ein regelmäßiges Wirtschaftstreffen mit der Volksrepublik China zu etablieren. »Da mache ich mit, da helfe ich euch«, habe Schmidt spontan zugesichert und dann seine Beziehungen zu Henry Kissinger, zum früheren chinesischen Ministerpräsident Zhu Rongji und zu Singapurs Ex-Premier Lee Kuan Yew spielen lassen. Seit 2004 gibt es nun alle zwei Jahre den »Hamburg Summit: China meets Europe«. Nie sei die Unterstützung Schmidts für die Handelskammer wichtiger gewesen als bei diesem Projekt, sagt Schües. Nur er habe sagen können: »Henry, mach das, ich bin da auch.«

In den Jahren nach Schmidts Kanzlerschaft sei es, wenn es Gesprächsbedarf gegeben habe, stets Schmidt gewesen, der sich auf den Weg gemacht habe. Trotz Stock, Rollator und schließlich Rollstuhl. »Er ist immer zu uns gekommen«, sagt Nikolaus Schües. »Er hat immer die Bürde des Besuchs auf sich genommen!«

Und wie ist man miteinander umgegangen? »Das war freundlich«, schildert Schües die Begegnungen. »Er wurde nicht hofiert. Die nahmen ihn so, wie er eben ist. Mit Respekt selbstverständlich, er war ja ein älterer Herr, aber nicht ehrfürchtig.«

Helmut Schmidt war als junger Mann stolz gewesen, zur »Versammlung Eines Ehrbaren Kaufmanns« eingeladen zu werden. Auch im Alter begab er sich am Silvester-Mittag gern zu den Kaufleuten, ließ sich seinen Platz im prachtvollen klassizistischen Saal am Adolphsplatz zuweisen. Wartete mit den anderen Gästen darauf, dass Präses und Bürgermeister einzogen. Wie es in der Handelskammer Sitte ist. Dort, wo er sich noch immer mit ein wenig Stolz zugehörig fühlte.

Tausend Mark vom Haushaltsgeld

≈

Ernst Deutsch Theater

Zwei Mal noch, da war er schon 94 Jahre alt, ist Helmut Schmidt in das Theater gekommen, an dem er so sehr hing. Im Januar 2013 sah er sich im Ernst Deutsch Theater »Der letzte Vorhang« an, mit Suzanne von Borsody und Guntbert Warns, und dann, im April 2013, »Der Teufel und die Diva« mit Judy Winter als Hildegard Knef. Als er damals die Vorstellung verließ, applaudierte das Publikum auch ihm, und die Schauspieler klatschten mit.

»Wir hatten so ein kleines Eckchen für ihn eingerichtet, ein Tischchen mit Kaffee und Aschenbecher, mit dem Feuerwehrmann hatten wir abgesprochen, dass da geraucht werden kann. Und dort hat er vor der Vorstellung gesessen, Käffchen getrunken und eine geraucht«, erzählt Intendantin Isabella Vértes-Schütter. »In der Pause sind dann die Darsteller zu ihm gekommen, und wir haben geschnackt.« Schmidt habe die beiden Abende genossen. Ein drittes Mal schaffe ich noch, habe er zum Abschied gesagt. »Aber dazu ist es dann nicht mehr gekommen.«

Der Schauspieler Friedrich (»Fiete«) Schütter hat das Haus 1951 gegründet, unter dem Namen »Das Junge Theater«. Der theaterbegeisterte Schmidt zählte zu den frühen Besuchern, aber kennengelernt haben die beiden sich wohl über die Politik. Denn Schütter kandidierte bei den Bürgerschaftswahlen regelmäßig auf dem letzten Platz der SPD-Liste. Zum Abgeordneten gewählt werden wollte er nicht, es war ein Bekenntnis des prominenten Theatermanns zu seiner Partei.

Politisch waren auch die Stücke, die Schütter auf die Bühne brachte. »Dieses Haus stand immer für eine starke antifaschistische Tradition«, sagt Isabella Vértes-Schütter, die nach dem Tod ihres Mannes 1995 die Intendanz übernahm. »Es sind hier gerade nach dem Krieg sehr, sehr mutige Produktionen gelaufen.« Für Helmut Schmidt war Friedrich Schütter ein »Demokrat, der andere Demokraten auf Trab bringen wollte«. So würdigte er ihn in seinem Nachruf in der ZEIT.

Jahrzehntelang hielt das Ehepaar Schmidt dem Theater die Treue. Geflügelt wurde Lokis Wort: »Das Ernst Deutsch Theater bekommt tausend Mark von meinem Haushaltsgeld.« Tatsächlich: Jahr für Jahr hat Loki dem Freundeskreis des Theaters tausend Mark überwiesen.

Freunde braucht das vom Verkehr umtoste Haus an der Mundsburg bis heute. Mit seinen 750 Plätzen ist das Ernst Deutsch Theater die größte private Sprechbühne Deutschlands. Dreißig Prozent des Haushalts kommen als Zuschuss von der Stadt. Die anderen siebzig Prozent müssen selbst verdient werden. Aber, darauf legt Isabella Vértes-Schütter Wert, man mache kein Unterhaltungstheater. »Die Leute, die zu uns kommen, wollen eine Auseinandersetzung.«

Für Helmut Schmidt sollte Theater immer »moralische Anstalt« sein. In der allerdings auch, das war ihm schon klar, »Kunst nach Brot« gehen müsse. Nach mancher Premiere saß er mit den Schauspielern am Stammtisch des hauseigenen Restaurants zusammen. Ganz genau wollte er es dann wissen. Was habt ihr euch bei der Inszenierung gedacht? Wie geht ihr mit den Figuren um? Warum funktioniert dieses Stück, und jenes nicht? »Investigativ« nennt Vértes-Schütter seine Fragen.

Als Friedrich Schütter starb, war seine Frau erst 33 Jahre alt. Vor allem Loki, erzählt Isabella Vértes-Schütter, sei ihr mit großer Wärme begegnet. Es schien ihr, als hätten sie und Helmut damals beschlossen, der jungen Intendantin zur Seite zu stehen mit dem fürsorglichen Willen: Wir haben da mal ein Auge drauf.

Siegfried Lenz bestellt Gin Tonic

≈

Die Hausbar

Ganz klar: Dies hier ist »Ottis Bar«. Sagt ja schon das Messing-Schild, das von der Decke hängt. Und so setzen wir uns denn mit Ernst-Otto (»Otti«) Heuer, dem pensionierten Hamburger Kriminalhauptkommissar, an den Tresen und lassen uns von seinem Ehrenjob als Helmut Schmidts Barmann erzählen.

Waren im Hause Schmidt mehr als sechs Gäste zum Abendessen eingeladen, bat Helmut Schmidt seinen obersten Sicherheitsbeamten um Hilfe. Geht mal in die Bar, sagte der Hausherr, wenn die Besucher eintrafen. »Dann kamen die hier rein und bestellten einen Drink bei mir.«

Sechsundzwanzig Jahre lang, von 1974 bis 2000, begleitete Heuer erst den Bundeskanzler und dann den ZEIT-Herausgeber als Leibwächter. Helmut Schmidt habe sich Personenschützer aus seiner Heimatstadt gewünscht. Als Heuer und ein Kollege vom Hamburger LKA im Mai 1974 ihren Dienst in Bonn antraten, habe

die Hauptstadtpresse geschrieben, Helmut Schmidts Mafia sei eingeflogen worden. »Das war nicht wahr, wir sind mit dem Auto gekommen.«

Im Jahr 2000 ging Heuer in den Ruhestand. Seinen Ehrenjob aber machte er weiterhin. Es seien ja sehr interessante Leute in den Neubergerweg gekommen, »denen man gern zuhörte und von denen man vielleicht auch ein bisschen lernen konnte«, sagt Heuer. Die Mitglieder der Freitagsgesellschaft zum Beispiel. Seit 1985 trafen sie sich im Winterhalbjahr einmal im Monat, um beim Abendessen einem Vortrag zu lauschen und dann darüber zu diskutieren.

Siegfried Lenz gehörte zu den Mitgliedern der illustren Runde, die Bürgermeister Peter Schulz und Henning Voscherau, Ex-Verteidigungsminister Volker Rühe, Versandhauschef Michael Otto, Bankier Max Warburg und der Astrophysiker Reimar Lüst.

Siegfried Lenz kam oft als Erster, setzte sich in die Bar und bestellte bei Otti Heuer einen Gin Tonic. Der Gastgeber trank gern eine Bloody Mary. Wenn die Tafel im Esszimmer nebenan zubereitet war, erschien Loki Schmidt in der Tür zur Bar, drückte eine alte Autohupe und bat zum Essen: »Es ist gedeckt.«

Die Bar hat etwas von einer Hafen- oder Seemannskneipe. Bisschen schräg, bisschen spießig, sehr gemütlich und Schmidt pur. Den Eingang flankieren zwei gewaltige Elefanten-Stoßzähne, geschnitztes Elfenbein, der Handel damit dürfte seit langem illegal sein. »1974 war das schon hier«, sagt Otti Heuer.

Und dann Satchmo. Er steht gleich vorn auf dem Tresen, einen halben Meter hoch, Louis Armstrong im weißen Jackett und mit kleiner goldener Trompete. Man drückt auf einen Knopf, und es ertönt »Hello, Dolly!« – laut, krächzend, wie eine alte Radioübertragung. Jeder Gast will es hören, und jeder lacht sich schief.

Ob auch Giscard d'Estaing auf den Knopf gedrückt hat? Es gibt ein Foto, das den französischen Staatspräsidenten und den deutschen Bundeskanzler in der Langenhorner Spelunke zeigt, tief ins Gespräch versunken. Der aristokratische Franzose scheint sich in diesem Tüdel-Laden wohlgefühlt zu haben.

Über dem Tresen schwebt eine Dreimastbark mit der Flagge der englischen Marine am Heck. Darunter eine Schiffsglocke und ein in den Tresen eingelassener Kompass, die Nadel nach Norden, an den Wänden See- und Schiffsgemälde. Daneben zeigt ein großes, schon ein wenig verblichenes Foto Helmut Schmidt auf der Segelyacht »Atalanta«, die einst der Warburg Bank gehörte.

Und in der Ecke, dort, wo Siegfried Lenz gern Platz nahm, hängt ein Kurbeltelefon aus dem Jahr 1903. Damit, erzählte Schmidt gern, telefoniere er mit dem lieben Gott. »Aber der liebe Gott gibt keine Antwort.«

Man sitzt und staunt über den Tand, den Schmidt aus sämtlichen Winkeln der Welt zusammengetragen hat. Über die Kris-Dolche aus Südostasien, über die Schlangenhaut an der Holzdecke, die Seemannsknoten-Sammlung, die Buddelschiffe und das »Dienstzeugnis« für Loki Schmidt, ausgestellt auf einem deutschen Marineschiff. Eine Seekarte der Küste vor San Francisco, wo Schmidt mit dem amerikanischen Finanz- und Außenminister George Shultz segelte.

Die Spirituosen-Regale sind noch gut gefüllt, die Freitagsgesellschaft könnte morgen wieder tagen und müsste nicht dürsten. Da steht ein Armagnac von 1918. Auch ein spanischer Gran Reserva, ebenfalls aus Schmidts Geburtsjahr. Beide Flaschen wurden nicht angerührt. Dann gibt es aber auch die etwas handelsüblicheren Spirituosen: Johnny Walker Red Label, Ballantines, Glen Talloch. »Lenny Bernstein trank Whiskey«, erinnert sich Otti Heuer.

Und zwischen all den Flaschen und Gläsern hockt ein dickes, glückliches Ferkel, der »Cookie Jar«. Das Schweinchen war wohl tatsächlich einst mit Keksen gefüllt. »Ich glaube«, sagt Otti Heuer, »es kann hüpfen.«

Schrill ist der Kontrast zu den anderen Räumen des Hauses, den deckenhohen Bücherregalen, dem Flügel, den expressionistischen Gemälden. Hier, an seiner Bar, war der Altkanzler, der nie aufhören wollte zu arbeiten, dann doch einmal außer Dienst.

»Der König darf das«

≈

Szenen einer Zugfahrt

Der ICE nach Hamburg verlässt den Berliner Hauptbahnhof um 17.12 Uhr. Helmut Schmidt kommt von der Aufzeichnung einer Talkshow mit Maybrit Illner. Sein Gesprächspartner war Bundespräsident Joachim Gauck. Worum es gegangen sei? »Um Kirche, Rotz und Fahne.« Schmidts Definition der Aufgaben eines Bundespräsidenten.

Der eine oder andere Fahrgast wirft einen verstohlenen Blick auf den Altkanzler, aber niemand spricht ihn an. Im Zug hat Schmidt seinen gewohnten Platz für Rollstuhlfahrer eingenommen. Ein jüngeres chinesisches Paar zwängt sich auf die beiden schmalen Klappsitze hinter ihn. Das ist ihm unbehaglich. »Ich kann das nicht haben.« Einer der drei Leibwächter, die ihn begleiten, räumt seine Bankreihe für die Chinesen.

Kaffee wird durch den Zug gerollt. Schmidt verlangt, wie immer, nach einer »heißen Schokolade mit viel Milch und Zucker«. Die gibt es jedoch nicht, und

Kaffee will er nicht. Aber etwas zu essen. Die Bahnbedienstete bietet ihm ein Sandwich an. Schmidt wirft einen prüfenden Blick auf die Schwarzbrotschnitte. »Das ist mir zu viel.« Ob sie Schokolade habe? Sie hat einen Schokoriegel. Snickers. Kennt er nicht, nimmt er trotzdem. Kostet 1,50 Euro. Schmidt zieht seine Brieftasche hervor, die Scheine darin nach Größe geordnet. Kleingeld hat er nicht dabei. Er zahlt mit einem Fünf-Euro-Schein, das Wechselgeld steckt er in die Jackentasche.

Scheu fragt ein junger Mitreisender, ob er sich mit Schmidt und seiner kleinen Tochter fotografieren lassen darf. Knurren. Soll heißen: Bitte sehr! Die Tochter schaut skeptisch, Schmidt nimmt ostentativ keine Notiz. Die Mutter fotografiert begeistert.

Helmut Schmidt schaut aus dem Fenster. »Erst Wittenberge«, seufzt er. Die Zeit wird ihm lang. Er hangelt nach seiner Aktentasche, nimmt einen Stapel Unterlagen heraus. Seinen Snickers-Riegel hat er längst gemümmelt. Er blättert in der ZEIT. »Die Artikel auf den ersten Seiten – alles zu lang!«, moniert er. Außerdem versteht er die Illustration auf der Titelseite nicht. »Warum trägt der Steinbrück den Kopf unterm Arm?« Weil es um politischen Bluff geht. »Hmm.« Leuchtet ihm nicht ein.

Der Zug nähert sich Hamburg. Früher, wenn man mit dem Zug aus Berlin kam und in Tiefstack die vier hohen Schornsteine des Kohlekraftwerks sah, wusste man, dass man fast zu Hause war. Sechseinhalb Stunden habe die Fahrt mit dem D-Zug gedauert. Loki sei die Strecke 1936 gefahren. Oder 1941? Er selbst sei mal mit dem »Fliegenden Hamburger« nach Berlin gerauscht, in nur zweieinhalb Stunden.

Bergedorf vorbei. Seit fast zwei Stunden hat Schmidt nicht geraucht. Jetzt zündet er sich, gedankenverloren, eine Zigarette an. Einen Aschenbecher gibt es nicht, nur ein halbvolles Cola-Glas. Die Schaffnerin, die gerade vorbeigeht, lächelt. »Mich stört das nicht.« Und dann: »Der König darf das.«

Aber eine sehr blonde Dame regt sich schrecklich auf. Ihr würde man das Rauchen im Zug nicht gestatten! »Sie haben auch nicht so viel für Ihr Land geleistet«, erwidert die Schaffnerin kühl. Sie ist stolz, den Altkanzler an Bord zu haben, er ist schon öfter mit ihr nach Hamburg gefahren.

Eigentlich wartet sein Wagen immer am Bahnhof Dammtor. Aber dort geht der Fahrstuhl nicht. Bauarbeiten. Also steigt Schmidt am Hauptbahnhof aus. Der Gang im Waggon ist verstopft, alle wollen hier raus. Langsam, Schritt für Schritt, schiebt einer der Leibwächter den Altkanzler Richtung Ausgang.

ÜBER DEN DÄCHERN SEINER STADT

≈

Büro im Pressehaus

Doch, Hamburg macht schon etwas her. Aus Helmut Schmidts Büro im alten Pressehaus am Speersort (dem heutigen »Helmut-Schmidt-Haus«) geht der Blick zur Rechten auf St. Petri und auf den Turm des Rathauses. Er wandert nach links über den Michel, die schwarze Ruine von St. Nikolai bis zur silbern schimmernden Glashaut der Elbphilharmonie. Eine stolze Stadt, erhaben und reich, Stein gewordene Geschichte.

Früher war dies das Büro von ZEIT-Verleger Gerd Bucerius gewesen. Er hatte im Jahr 1946 gemeinsam mit drei Partnern von der britischen Besatzungsbehörde die Lizenz zur Herausgabe der neuen Wochenzeitung erhalten. Nach dem Tod von Bucerius 1995 zog Schmidt in das Büro ein.

Nur selten ist Helmut Schmidt auf den Balkon getreten, der um sein Eckbüro im sechsten Stock verläuft. Für den Fotografen hat er sich einmal an einem grauen Tag in den Hamburger Wind gestellt. Mantel an, Mütze tief in das schlohweiße Haar gedrückt. Der Hanseat über den Dächern seiner Stadt.

Ansonsten waren Tür und Fenster fest verrammelt. Schmidt kam gut ohne frische Luft durch den Arbeitstag. Betrat man sein Zimmer, wollte man unwillkürlich erst einmal die Balkontür öffnen und kräftig lüften. Er sah dazu meist keinen Anlass, winkte den Besucher zu sich unter die dichte Wolke aus Zigarettenqualm über seinem Schreibtisch.

An diesem Schreibtisch vollzog sich das stets gleiche Ritual. Aus einer Schachtel Reyno pulte Schmidt sämtliche Zigaretten und stapelte sie dann in ein silbernes Kästchen, drinnen mit Holz ausgekleidet. Daraus entnahm er in den folgenden Stunden Zigarette um Zigarette. Bis es Zeit war, das Kästchen wieder aufzufüllen.

Auf dessen Deckel war das Schloss Bellevue zu sehen. Und vorne war ein Name eingraviert: Heinrich Lübke. Wohl ein halbes Jahrhundert lang diente das Geschenk des ehemaligen Bundespräsidenten Helmut Schmidt als Zigarettendepot. Wenn er gute Laune hatte, öffnete Schmidt den Deckel, drehte das Kästchen um und schob es dem Besucher zu: »Bedienen Sie sich!«

Saß man vor seinem Schreibtisch, dann redete man über dies und das, auch über Privates und Persönliches. Aber kein Gespräch, das nicht schnell ins Politische wanderte. Man sprach also, sagen wir, über Europa. Das hörte sich dann so an:

»Die Tatsache des schwindenden Anteils der Europäer am Weltsozialprodukt und des schwindenden Anteils an der Weltbevölkerung sowie infolgedessen des schwindenden Anteils an der Macht auf der Welt, auch der militärischen Macht, lässt es vernünftig erscheinen, den europäischen Zusammenschluss zu fördern.«

Ob das aber auch jeder sofort versteht?

»Das Publikum begreift das, was ihm plausibel vorgetragen wird.«

Und er, sei er ein Europäer aus heißem Herzen?

»Das Herz soll nicht heiß, das soll kühl sein. Aber das Herz muss dabei sein. Der Verstand allein reicht nicht aus, um das Volk mitzureißen.«

Warum klappte es so gut zwischen Schmidt und Giscard d'Estaing?

»Zu Zeiten von Giscard und Schmidt hat Schmidt dem Giscard keine Vorhaltungen gemacht wegen des Zurückbleibens der französischen Wirtschaft.«

Man hat seine Stimme noch im Ohr, diesen Schmidt-Sound. Wenn man mit ihm über einem Artikel oder einem Interview saß, sagte er bisweilen, er sei eigentlich kein Schreiber, sondern ein Redner. Das stimmte. Beim Lesen seiner Texte konnte man ihn sprechen hören.

Seit seinem Tod ist die Tür zu Schmidts Büro verschlossen. Alles steht noch an seinem Platz, nur einige Bücher sind aus den Regalen geräumt worden. Eine grün-weiße Stange Reyno liegt da, darauf die Warnung der EU-Gesundheitsminister: »Raucher sterben früher«. Nicht immer.

An den Wänden hängen die Originale alter Karikaturen. Ein wunderbarer Loriot: Friedrich Nowottny hält Schmidt in Bonn das Mikrofon vor die Nase. Oder E. M. Lang, der legendäre Karikaturist der *Süddeutschen Zeitung*: Der Kanzler als Organist, im Frack verbeugt er sich vor dem Publikum.

Wer war Schmidt wichtig, wen wollte er in seinem Büro sehen? Ein Foto von Gustav Heinemann hängt gleich neben der Tür zum Balkon, die Sonne hat das Bild des früheren Bundespräsidenten gebleicht. Darunter eine Aufnahme von Schmidt mit Giscard d'Estaing im lebhaften Gespräch. Wiederum darunter ein Porträt von Bruno Kreisky, dem einstigen sozialdemokratischen Kanzler in Wien, eine feine Zeichnung.

Aber kein Bild von Schmidt mit Papst, mit Breschnew oder Reagan, mit Mao oder Deng, mit Karajan oder Königin Elizabeth. Hätte er angeberisch gefunden, hatte er nicht nötig.

Er wollte hier arbeiten, nicht Hof halten. Dreimal, viermal die Woche kam er zum Speersort, noch im hohen Alter. Auf dem Schreibtisch, in einem schmalen schwarzen Holzschälchen, finden sich noch vier jener grünen Filzstifte, mit denen er seine Texte redigierte und seine Briefe unterschrieb. Grün, die Chef-Farbe. Die Filzschreiber sind wahrscheinlich längst ausgetrocknet. Aber sie liegen da, als nähme Schmidt sie morgen wieder zur Hand und setzte seine Arbeit fort – knurrend, seufzend, stöhnend, und doch auf seine Art zufrieden.

Was geht uns der Kongo an!

≈

Kleiner Konferenzraum

Er war immer einer der Ersten. Wenn er den »Kleinen Konferenzraum« im sechsten Stock des Pressehauses betrat, wandte er sich nach links. An der Längsseite des Tisches, mit Blick auf den Hafen und das alte *Spiegel*-Hochhaus, ließ er sich auf den mittleren Stuhl fallen, den Gehstock legte er rechts unter seinen Sitzplatz. Dann goss er sich einen Kaffee ein, klopfte eine Prise Schnupftabak auf den linken Handrücken, lehnte sich zurück. Die Konferenz konnte beginnen.

Freitagmittag um zwölf tagt das Politische Ressort der ZEIT. Mehr als dreißig Jahre lang war dies die Konferenz von Helmut Schmidt. An keiner anderen Redaktionskonferenz nahm der Herausgeber Schmidt teil, an dieser immer.

Er kam gut vorbereitet, legte die neueste Ausgabe des Blattes vor sich auf den Tisch. Lange Passagen waren sorgfältig angestrichen: Schmidts Referentin Birgit Krüger-Penski wusste, was ihm wichtig war, was er nicht übersehen wollte. All das markierte sie mit dickem, gelben Stift. Schmidt aber ließ nicht nur lesen, er las selbst. Und zwar sehr genau. Für die Tischrunde interessanter – und konfliktträchtiger – waren deshalb seine handschriftlichen Notizen, mit grünem Filzstift an den Rand der Artikel geschrieben. Da waren ihm Widersprüche oder Schludrigkeiten aufgefallen. »Was meinen Sie damit?«, wollte er wissen, oder: »Ist das Ihr Ernst?« Wenn der Redakteur antwortete: »Das ist mein voller Ernst!«, dann hatte er nicht nur die Lacher auf seiner Seite, sondern dann gehörte ihm auch die Anerkennung Schmidts. Widerspruch gefiel ihm. Hatte sich der Streit erschöpft, hatte jeder auf seiner Meinung beharrt, resümierte er gern lächelnd: »We agree to disagree.«

Manchmal wurde der Gehstock unter dem Tisch hervorgeholt. Dann angelte Schmidt eine weit entfernte Zuckerdose herbei oder ein Milchkännchen. Meistens ging das gut. Die Runde verfolgte das Manöver mit Spannung. Schmidt lebte von Kaffee und Zigaretten. Vielen Zigaretten! Auf dreizehn hat er es in anderthalb Konferenzstunden gebracht. Halb erstickt zählte das Ressort mit. Dreizehn Zigaretten in anderthalb Stunden, eine Zigarette alle sieben Minuten. Das muss man erst mal überleben. Ihm schien es gutzutun.

Seit Jahren schon trug Helmut Schmidt ein Hörgerät. Der akustische Nachteil verschaffte ihm rhetorisch bisweilen einen Vorteil. »Hab ich nicht verstanden«, hieß in Wahrheit: Sekunde bitte, lasst mich mal nachdenken. Aber oft genug verstand er wirklich kaum etwas: Die Jungen nuschelten, und alle redeten durcheinander. Wie bei den Jusos!

Dabei liebte er es, wenn es hoch herging. An guten Tagen attestierte er der Runde, die Debatte sei anspruchsvoller als damals am Bonner Kabinettstisch. An schlechten Tagen blaffte er: Naiv! Ahnungslos! Unverantwortlich! Verrückt! Dann konnte er so laut werden, als hätte er den ganzen Bundestag vor sich, nicht nur zwölf ZEIT-Redakteure.

Sein schlimmster Vorwurf: »Ihr psychologisiert zu viel!« Sollte heißen: Weil ihr von der Sache nichts versteht, flüchtet ihr euch ins Menschelnde. Psychologisierende Journalisten! Fand er »zum Schießen«. Brauchte er nicht! Brauchte auch sonst keiner! Aufs Psychologisieren verstieg sich derjenige, der die Fakten nicht kannte. Fand man ja öfter in diesem Gewerbe.

Nie hätte sich Helmut Schmidt einen Journalisten genannt – »Journalist« hamburgisch ausgesprochen, mit kurzem, trockenem J, wie »Junge, Junge!«. Journalisten redeten über Dinge, von denen sie wenig verstanden, zu denen sie aber eine klare Meinung hatten. Nein, Journalist könne er schon deshalb nicht werden, hatte er mal gespottet, weil er es sich partout nicht abgewöhnen könne, zu arbeiten. Dabei hat er manche Zeitungsleute sehr geachtet: Marion Gräfin Dönhoff etwa, seine Herausgeberkollegin, mit der ihn eine jahrzehntelange Freundschaft verband. Kurt Becker, den einstigen Politikchef der ZEIT, den er als Pressesprecher nach Bonn holte. Oder Theo Sommer, den langjährigen Chefredakteur der ZEIT, der ein halbes Jahr lang für den neuen Verteidigungsminister Schmidt auf der Hardthöhe das erste Weißbuch der Bundeswehr erarbeitete. Mit ihnen allen saß er an diesem Konferenztisch zusammen.

Er hörte aber auch den Jungen zu. Nicht immer geduldig. Denn er verstand sie manchmal nicht. Akustisch nicht, und auch nicht politisch. Weil sie zum Beispiel im Kongo intervenieren wollten oder in Darfur. Weil sie so leichtfertig vom Krieg redeten. Das brachte ihn auf die Palme. Was geht uns der Kongo an! Oder Georgien! Oder Afghanistan! Aus der Haut fahren konnte er da. Er hatte doch »die ganze Scheiße« unter »Adolf Nazi« an der Ostfront miterlebt!

Es gab Thesen, die hat er erstmals in der Freitagskonferenz formuliert, hat sie gewissermaßen dort ausprobiert. Die Bedrohung beispielsweise, die vom »Raubtierkapitalismus« ausgehe. Er wusste sich in seiner Strenge einig mit Marion Dönhoff, die fast zwanzig Jahre lang in der Konferenz rechts neben ihm saß. »Zivilisiert den Kapitalismus!«, verlangte sie schon viele Jahre vor Ausbruch der internationalen Finanzkrise

2008. Wie »die Gräfin« konnte auch er sich erregen über Gier und Exzesse; er konnte wüten über die Hunderttausende von Derivaten, die auf dem Finanzmarkt im Umlauf seien und die keiner geprüft und zugelassen habe. »Ein Skandal!«, wetterte er und griff grimmig zur halb leergerauchten Packung Reyno.

Wen er mit Verachtung strafen wollte, dessen Namen merkte er sich nicht. Oder tat jedenfalls so. Das galt für die Außenminister zwischen Genscher und Steinmeier genauso wie für manchen Redakteur, mit dem er vielleicht schon seit Jahren zusammen am Konferenztisch saß. Wenn ihn aber ein Neuer beeindruckte, dann beugte er sich herüber und fragte flüsternd: »Wer ist der junge Kollege?«

Im Sommer ließ er sich vom Brahmsee in weißen Hosen und weißen Schuhen zum Speersort fahren. Freitag um zwölf war Konferenzzeit. Da war er eisern. Und auf eine anrührende Weise treu. Manchmal saßen in den Ferienwochen nur drei, vier Redakteure mit am Tisch, dazu noch ein schüchterner Hospitant. Störte ihn nicht die Bohne. Er wollte lernen, auch mit neunzig noch. Neugierig war er, das zumindest war der Journalist in ihm.

Mehr als drei Jahrzehnte lang saß er am Freitagmittag dabei. Es war längst seine Konferenz geworden. Und manchmal ertappte man sich bei dem Gedanken, dass man sich die Runde ohne ihn gar nicht mehr vorstellen mochte. Einer musste doch die Jungen anraunzen, sie sollten nicht so nuscheln! Und nicht so viel psychologisieren!

Mit Lust las er dem Kollegium die Leviten. Die Artikel (Schmidt sagte: »die Aufsätze«) waren ihm zu lang, die Überschriften zu reißerisch, die Bilder eigentlich überflüssig. Und wenn man schon überall auf der Welt intervenieren wollte, dann sollte man doch bitte Landkarten zu den Texten stellen. »Weiß doch kein Mensch, wo Kosovo liegt!«

13.30 Uhr. Der Aschenbecher war voll, die Kaffeekannen waren leer. Helmut Schmidt beugte sich nach rechts unter seinen Stuhl, zog den Gehstock hervor, erhob sich ächzend als einer der Letzten. »Schönes Wochenende.«

Mindestens drei Stangen

≈

Der Tabakladen

Vier Dinge brauchte der Mann: Zigaretten (Reyno Light), Schnupftabak (Gletscher Prise), Fisherman's Friend und Tempo-Taschentücher. Zuständig dafür, dass es Helmut Schmidt daran nie mangelte, waren seine beiden Fahrer. Man muss sich das so vorstellen, erzählt einer der beiden, Hans-Peter Lambertz, der Schmidt schon zu Bonner Zeiten fuhr: »Wir hatten von ihm jeweils 1000 Euro. Wenn das Geld aufgebraucht war, gingen die Quittungen zum Steuerberater. Dann kam neues Geld aufs Konto.«

Morgens im Büro rief Schmidts Sekretärin, Frau Niemeier, bei Lambertz im Nebenzimmer an: »Zum Chef!« Dann setzte sich Lambertz vor Schmidts Schreibtisch. »Nimm mal Papier und Bleistift«, sagte Schmidt und diktierte ihm seine Einkaufsliste. Darauf standen auch Drogeriesachen und Medikamente. Die wurden in einer nahe gelegenen Apotheke besorgt, meist ohne Rezept. »Er meinte immer, das dürfen die.«

Bis dem Apotheker irgendwann blümerant wurde: »Nicht dass da mal was passiert!« Daraufhin gab es eine Liste mit den notwendigen Medikamenten von Schmidts Arzt. Alle waren beruhigt.

Wichtiger waren sowieso die Zigaretten. Und die besorgte Hans-Peter Lambertz bei »Wolsdorff Cigarren«, gleich vorn in der Spitalerstraße, nur einen Steinwurf vom Mönckebergbrunnen entfernt. Das Geschäft ist der Hamburger Stammsitz der 1907 gegründeten Firma, die heute deutschlandweit Läden besitzt.

Für Helmut Schmidt wurden bei Wolsdorff immer fünf Stangen Mentholzigaretten zurückgelegt. Reyno Light, und zwar die normale Größe, wie uns ein Mitarbeiter erklärt. »Es gibt auch eine lange Reyno.« Wer raucht eigentlich Reyno? »Ältere Herren und junge Damen.« Auch nach Schmidt gibt es noch Reyno-Käufer, aber es werden weniger. »Die meisten Raucher kannst du ja mit Menthol jagen! Heute verkaufen wir, wenn es hoch kommt, eine Stange in zwei Wochen.«

Eine Stange, das war in etwa Schmidts Wochenbedarf. »Wir haben immer mindestens drei Stangen gekauft«, erinnert sich Hans-Peter Lambertz, »eine fürs Büro, eine für zu Hause, und im Auto gab es auch immer genügend Zigaretten.«

Als Helmut Schmidt das Kanzleramt verlassen und sein neues ZEIT-Büro am Hamburger Speersort bezogen hatte, war Lambertz froh, in der Nähe des Pressehauses einen Tabakladen gefunden zu haben, der Reyno führte. 60 Euro kostete die Stange. Drei Stangen, das machte dann 180 Euro. »Das war richtig Geld.«

Im Tabakladen, der Deutschlands berühmtesten Raucher zum Kunden hatte, war allen klar, dass die Reyno-Stangen nie zur Neige gehen durften. »Wehe, die waren nicht hier, wenn Schmidts Leute kamen!«

Die Reyno-Vorräte im Keller sind heute längst aufgelöst, im Tabakwaren-Fachgeschäft an der Spitalerstraße läuft es auch ohne den Altkanzler. Die anderen rauchen schließlich weiter. Udo Lindenberg zum Beispiel, der hier seine Zigarren kauft. Sind ja nur ein paar Schritte zum Atlantic-Hotel.

Das Foto muss weg!

≈

Helmut-Schmidt-Universität

Ging die Verehrung wirklich so weit? Erst waren einige Zigarettenstummel verschwunden. Dann fehlte, am Tag nach der Diskussion zwischen Helmut Schmidt und Karl-Theodor zu Guttenberg, auch noch der Aschenbecher, den man dem Altkanzler hingestellt hatte, ein schweres Bleikristall aus der Pressestelle der Hochschule.

Auf dem »Roten Platz« debattierten die beiden miteinander. Der »bemerkenswerteste elder statesman, den diese Republik je hatte« traf den »bemerkenswertesten politischen Senkrechtstarter in der Geschichte dieser Republik«, wie der Lokalreporter der *Welt* schwärmte. Um den Krieg in Afghanistan ging es, damals im März 2010, um das dortige Engagement der Bundeswehr, dem Schmidt »weitgehende Aussichtslosigkeit« bescheinigte. »Wir wollen eine Übergabe in Verantwortung«, hielt Guttenberg etwas lahm dagegen.

Der weise Staatsmann und der junge, vor Ehrgeiz brennende Verteidigungsminister – das Publikum in der Helmut-Schmidt-Universität war hingerissen. 1400 Zuhörer drängten sich auf den Fluren und Emporen rund um den »Roten Platz«, das lichte Zentrum im Hauptgebäude der Universität. Dessen architektonische Gestalt soll Transparenz signalisieren. Die skeptisch auf die Truppe schauende Gesellschaft, hatten die Gründer überlegt, sollte sehen, was hinter den Wänden der Hochschule vor sich ging, an der die Offiziere der Bundeswehr ihre akademische Ausbildung erhielten. Und so bauten sie in Hamburg – eine zweite Bundeswehr-Universität entstand in München – mit viel Glas.

Als erster sozialdemokratischer Verteidigungsminister der Bundesrepublik (1969–1972) hatte Helmut Schmidt den Anstoß zum Bau der beiden Universitäten gegeben. Niemand könne ohne Studium Arzt oder Lehrer werden, argumentierte Schmidt, und genauso solle auch niemand ohne Studium Offizier werden können. Er habe doch im Krieg selbst erlebt, welches Unheil ungebildete Offiziere angerichtet hätten.

Und als die Bundeswehr-Universität in Hamburg, die 1973 ihre Arbeit aufgenommen hatte, sich einige Jahre später einen Namen geben wollte, kam die zu diesem Zweck eingerichtete Kommission recht schnell auf den Gedanken, eigentlich komme nur ein Namensgeber in Frage. Aber da der noch lebte und nicht nur Hanseaten es unschicklich finden, Institutionen nach noch lebenden Personen zu benennen, wurde Helmut Schmidt nicht gefragt. »Dann hat die Kommission ihre Arbeit eingestellt«, berichtet Dietmar Strey, der Pressesprecher der Universität.

Die Hamburger SPD aber hatte die gleiche Idee gehabt. Sie mobilisierte ihren Verteidigungsminister Peter Struck, und der fragte ganz unhanseatisch direkt bei Helmut Schmidt an, ob die Uni seinen Namen tragen dürfe. Schmidt sagte ja. Es war gerade Bürgerschaftswahlkampf in der Stadt, die SPD wollte das Rathaus zurückerobern und dachte sich, eine schöne Eröffnungsfeier mit Helmut Schmidt könne da nicht schaden. CDU-Bürgermeister Ole von Beust war nicht begeistert.

Aber als im Dezember 2003 die Hochschule offiziell umbenannt wurde, da kam der Erste Bürgermeister natürlich und gratulierte: »Hamburg ist stolz, dass die Universität Ihren Namen trägt.« Schmidt hörte es gern und nahm den Ehrendoktor, den ihm die »Helmut-Schmidt-Universität« gleich noch obendrauf verlieh, stoisch entgegen. Es war seine 23. Ehrendoktorwürde.

Im *Hamburger Abendblatt* erinnerte Günter Stiller, der Schmidt ein Reporterleben lang begleitet hatte, an die Begründung, mit der es einst der selbstbewusste Student der Volkswirtschaft Helmut Schmidt abgelehnt hatte, nach dem Studienabschluss auch noch zu promovieren. »Jetzt muss ich erst mal Geld für meine

Familie verdienen. Danach kann man ja auf den Dr. h. c. warten.«

Für Sprüche wie diesen liebten die Studierenden ihren Namenspatron. »Wenn er hier war, dann war die Hütte voll«, erzählt Martin Nassua, der das Akademische Auslandsamt der Uni leitet. »Die Studierenden haben Helmut und Loki geliebt. Den Retter der Stadt vor der Flut. Den Mann, der zu seiner Meinung steht und bei Gegenwind nicht umfällt. Das Knorrige, auch das Autoritäre.«

Etwa einmal im Jahr kam er in seine Universität, meist zu kleineren Gesprächsrunden mit Studenten. Sie lagen ihm am Herzen. Bei größeren Veranstaltungen sperrte er sich. Er hatte dem Präsidenten frühzeitig gesagt: Ihr könnt mich nicht benutzen! Oder wie es Martin Nassua formuliert: »Er wollte nicht zur Festsau werden.« Das trifft die Sache wohl ganz gut. Nur für Guttenberg hat er eine Ausnahme gemacht, in ihm sah er ein großes politisches Talent, traute ihm sogar das Amt des Bundeskanzlers zu.

Und dann erging – wir schreiben das Jahr 2017, Helmut Schmidt war fast zwei Jahre tot – aus Berlin die Weisung, dass überall im Lande, in sämtlichen Liegenschaften der Bundeswehr, nach Devotionalien der Wehrmacht geforscht werden sollte. Im Bendlerblock herrschte Furcht vor rechtsradikalen Umtrieben in der Truppe.

Also machten sich auch in der Bundeswehr-Universität die Vorgesetzten auf die Suche, und in einem Studentenwohnheim wurden sie fündig. Dort hing ein Foto von Helmut Schmidt an der Wand, aber nicht eines, das ihn als Verteidigungsminister zeigte oder als Abgeordneten bei einer Wehrübung. Nein, es zeigte den jungen Oberleutnant Helmut Schmidt in der Uniform von Hitlers Wehrmacht. Es stammte aus dem Jahr 1940. Die Uni-Leitung entschied: Das Foto muss weg.

Ein Skandal. »Absurd und abwegig«, tobte der Hamburger SPD-Bundestagsabgeordnete Johannes Kahrs. Selbst im Verteidigungsministerium schüttelte man den Kopf. Universitätspräsident Wilfried Seidel beeilte sich zu erklären: »Es ist mir wichtig, hervorzuheben, dass sich die Universität in keiner Weise von ihrem politischen Gründungsvater und Namenspatron distanziert.«

Jahrelang hatte das Foto an der Pinnwand gehangen, niemand hatte je Anstoß daran genommen, obwohl Schmidts Äußerungen über die Wehrmacht immer wieder Anlass zu kritischen Fragen gegeben hatten. Aber unbestreitbar war er ein Demokrat, in der politischen Ahnengalerie der Bundesrepublik einer der Großen. Was hatte die Vorgesetzten getrieben, das Foto abzuhängen? »Angst«, heißt es heute in der Universität, Angst und der Druck aus Berlin.

Die Studierenden jedenfalls waren sauer. Sie beriefen eine Vollversammlung ein. Danach gab es viele Gespräche über mangelnde Führungskultur an der Universität. Und es wurde eine öffentliche Ringvorlesung organisiert zu dem Thema: »Tradition wird gemacht. Geschichte, Erinnerung und Selbstverständnis der Bundeswehr«. Was für eine vernünftige und akademisch angemessene Reaktion auf den Ukas aus Berlin.

Das Foto aber wurde wieder aufgehängt im Studentenwohnheim. Ergänzt um ein zweites Bild, das Helmut Schmidt im fortgeschrittenen Alter zeigt, an seinem Schreibtisch im ZEIT-Büro. Dazwischen einige kluge Sätze, die der Altkanzler bei einem öffentlichen Gelöbnis am 20. Juli 2008 vor dem Reichstag in Berlin gesagt hatte. Schmidt hatte sich direkt an die Rekruten gerichtet.

»Liebe junge Soldaten! Ihr habt das große Glück – ganz anders als ich als Rekrut des Jahres 1937! –, Ihr habt das große Glück, einer heute friedfertigen Nation und ihrem heute rechtlich geordneten Staat zu dienen. Ihr müsst wissen: Euer Dienst kann auch Risiken und Gefahren umfassen. Aber Ihr könnt Euch darauf verlassen: Dieser Staat wird Euch nicht missbrauchen. Denn die Würde und das Recht des einzelnen Menschen sind das oberste Gebot – nicht nur für die Regierenden, sondern für uns alle.«

Weil Schmidt immer wieder in Worte fassen konnte, was sie bewegte, auch deshalb verehren sie ihn an der Universität, die seinen Namen trägt. Da verschwindet dann auch schon mal ein Aschenbecher. Aber zu viel Aufhebens wird um den Namensgeber der Helmut-Schmidt-Universität in Hamburg-Jenfeld nicht gemacht. Nur ein Bronzekopf des Bildhauers Manfred Sihle-Wissel erinnert an ihn. Er steht, wie es sich für einen Sozialdemokraten gehört, auf dem »Roten Platz«.

»Zwanzig Jahre Labskaus«

≈

Old Commercial Room

Tisch zwei war sein Stammplatz, links am Fenster, mit Blick auf den Michel. »Es ist bis heute der meistgebuchte Tisch«, sagt Reinhard Paul Rauch, der Wirt vom Old Commercial Room. »Die Leute wollen da sitzen, wo Helmut Schmidt gesessen hat.«

An der Wand hinter dem Tisch hängt ein leicht verblichenes Foto. Der Bundeskanzler im März 1980, morgens um elf Uhr, allein, ein Glas Rum-Grog vor sich. Rauch kann sich nicht mehr an den Anlass erinnern, vielleicht war Schmidt gegenüber in St. Michaelis gewesen. Versonnen betrachtet er die Aufnahme: »Uns Helmut.«

Kennengelernt hat er Helmut Schmidt am 26. September 1976. Das weiß er deshalb so genau, weil er tags zuvor mit seinem Vater Kandidat in Rudi Carrells Show »Am laufenden Band« war. Morgens ging es in aller Frühe mit dem Zug zurück von Bremen nach Hamburg. Die SPD hatte beim Old Commercial Room

Labskaus geordert, auszuliefern auf einem Hafendampfer der HADAG, dort hielt Schmidt eine Rede. »Das Labskaus war so gut, dass er danach auch privat immer hierherkam.«

Rauch ist selber ein alter Sozi, 1967 ist er in die SPD eingetreten, dem Wunsch des Vaters folgend. Der war 59 Jahre lang in der Partei. »Mein Vater hatte eine Urkunde bekommen: 50 Jahre SPD. Das war 1979. Ich habe die Urkunde eingerahmt und vorne an der Tür aufgehängt, da war noch Platz, ist ja alles voller Bilder hier. Kommt ein Pärchen, älter schon, Blankenese. Sagt sie, als die beiden gehen: ›Oh, Papa, guck mal, wir waren im verkehrten Lokal.‹ Da habe ich gedacht, kannste mal sehen.« Rauch hängte die Urkunde woanders auf.

Wer die elf Stufen zu Hamburgs berühmtesten Traditionslokal emporsteigt, betritt eine versunkene Welt. An den Wänden signierte Fotos von Freddy Quinn, Jürgen Roland, Hardy Krüger. Udo Jürgens nach dem Start einer Deutschland-Tournee. Mittendrin eine Riesenaufnahme von Hans Albers: »Goodbye, Johnny.« Aber auch die internationalen Stars waren bei Rauch zu Gast: George Clooney, Joe Cocker (»reizender Kerl«), Charles Aznavour (»trank nur Selters«).

Die Bude ist immer noch voll. Drei Gesellschaften waren es am Abend zuvor, darunter eine Goldene Hochzeit und ein Verlagsfest der *BILD*-Zeitung. »Das war gestern heftig«, sagt Rauch und schnippelt an seiner Zigarre herum, Havanna, Romeo und Julia, die immer wieder ausgeht. »Wie die Partys alle weg waren, ich denke, na 'n büschen Weißwein noch. Ins Bett gekommen bin ich erst um drei oder vier.«

Zwanzig Jahre lang hat er nicht geraucht, dann doch wieder, aber nur Zigarre. Im Old Commercial Room gibt es, die Treppe hoch, eine Raucher-Lounge, benannt nach Helmut Schmidt. »Als 2006 das Rauchverbot in Restaurants kam, habe ich gleich The First Tobacco Smokers Club Hamburg e. V. gegründet.« Unten, wo gegessen wird, darf natürlich nicht geraucht werden. Aber oben in der Lounge »können die für sich smoken«.

Ein paar Jahre hintereinander fand im Old Commercial Room die Deutsche Meisterschaft im Zigarrenlangsamrauchen statt. »Meine Frau ist zweimal Deutsche Meisterin geworden. Der Deutsche Meister rauchte beim letzten Mal eine Stunde und 45 Minuten. Meine Frau hat eine Stunde 23 Minuten geraucht. Damit wurde sie Zweite. Da sie weiblich war, wurde sie Deutsche Meisterin. Es waren noch andere Mädels dabei, aber die waren da schon lange ausgeschieden.«

Man muss sich das Zigarrenlangsamrauchen so vorstellen: »Das ist eine bestimmte Zigarre, die ist nicht so dick wie meine, die ich jetzt rauche. Die Experten tasten vorne die Hitze ab. Alle ein bis anderthalb Minuten muss man einen Zug machen. Die Zigarre darf

nicht ausgehen. Sobald einer sagt, meine Zigarre ist aus, heißt es: Würden Sie bitte aufstehen! An die Seite! Setzen! Und dann wird der Kreis natürlich immer kleiner.«

Als Helmut Schmidt zum ersten Mal in den Old Commercial Room kam, durfte noch geraucht werden. Am 23. Dezember 1980 feierte er hier dann seinen Geburtstag. Der Kanzler hatte sich am Tag vorher gemeldet: Herr Rauch, wir sind drüben in der Kirche. Da kommen wir abends um zehn raus, ich habe ja Geburtstag. Ich möchte bei Ihnen nicht groß feiern, aber da sich das jetzt nicht umgehen lässt, kommen wir mit fünfzig Personen rüber und feiern in meinen Geburtstag hinein.

Sekt Fürst Metternich habe es gegeben, das, fand Loki, sei ein schöner Sekt, den nehmen wir. Gegessen wurde natürlich Labskaus. Einen Wunsch habe Schmidt noch gehabt: Ein Christstollen muss dabei sein für Altbürgermeister Weichmann. »Das war ihm wichtig.«

Der Bundeskanzler wurde ein treuer Gast. »Er kam einfach vorbei. Keiner hat ihn vorher angemeldet. Da hielten diese drei, vier Autos mit dem Blaulicht auf dem Dach vor der Tür. Erst kam ein Leibwächter, der hat kurz geguckt: ›Hallo, wir haben den Bundeskanzler bei uns.‹ Dann kam er rein.« Wie haben die anderen Gäste reagiert? »Die haben geklatscht. Wenn er reinkam, gab es Beifall.«

In einer Glasvitrine gleich am Eingang hängt eine Mütze, ein Elblotse, die Rauch in der Nähe vom Rathaus gekauft hat. Auf den inneren Mützenrand hat Helmut Schmidt seinen Namen geschrieben, mit grünem Filzstift. Es ist schon die zweite Schmidt-Mütze im Old Commercial Room. Denn Reinhard Paul Rauch musste einen Diebstahl melden: »›Herr Bundeskanzler, man hat Ihre Mütze bei einem Einbruch entwendet.‹ Ich habe eine neue nachgekauft. Da hat er innen unterschrieben.«

Hat der Wirt mitbekommen, dass Verehrer des Altkanzlers nach dessen Tod Labskaus-Dosen vom Old Commercial Room auf sein Grab in Ohlsdorf gelegt haben? Ja, davon hat er gehört. Die handelsübliche 550-Gramm-Dose sei das gewesen. Er selbst war noch nicht am Grab. Aber irgendwie leuchtet ihm das ein mit dem Grabgeschenk. »Er hat das ja auch wirklich oft gegessen.«

Also sprechen wir am Captain's Table des Lokals, wo vor dem Wirt das dicke Buch mit den Tischreservierungen liegt, noch ein wenig über des Kanzlers Lieblingsgericht, das so viele verschmähen. Wenn die wüssten!

Labskaus gibt es im Old Commercial Room seit 1795. »Was ist denn drin im Labskaus? Auf jeden Fall kein Fisch. In das Labskaus kommt kein Fisch. Man kann das beilegen, wir legen Matjes bei. Labskaus ist

Rindfleisch, Kartoffel, Zwiebel und Gewürze. Alles zusammen gekocht und durch den Wolf. Und Butter gehört natürlich auch rein. Butter ist ganz wichtig als Geschmacksverstärker. Man kann nicht einfach nur das Rindfleisch nehmen und sagen, jetzt muss das schmecken!«

Helmut Schmidt hat es geschmeckt. Zwanzig Jahre hindurch war er immer wieder zu Gast. »Zwanzig Jahre Labskaus«, bilanziert Reinhard Paul Rauch. Er schmaucht jetzt seine zweite Romeo und Julia, kramt in Erinnerungen. Und gibt uns noch einen Leitspruch mit auf den Weg. »Wer Labskaus isst, bleibt im Kopf klar fürs ganze Leben.« Helmut Schmidt hat sich daran gehalten.

WAS HAT WILLY BRANDT GESCHRIEBEN?

≈

Das Privatarchiv

Natürlich war es ihm nicht gleichgültig, welches Bild sich die Nachwelt von ihm machen würde. Helmut Schmidt kannte die *presidential libraries* in den Vereinigten Staaten, die das Erbe der amerikanischen Präsidenten bewahren und ihren Ruhm mehren sollen. So einen Ort, im bescheideneren Langenhorner Format, wünschte er sich auch.

Er hatte ja sein Lebtag gesammelt: Reden, Interviews, Presseartikel, Parteitagspapiere, Fotos, Reiseberichte, Buchmanuskripte. Der erste Ordner »Eigene Arbeiten« datiert aus dem Jahr 1947 und beginnt mit seiner Diplomarbeit. Allein vierhundert Fotoalben haben die Schmidts zusammengetragen, private und öffentliche Aufnahmen in bunter Mischung. Die Alben reichen bis in das Jahr 1994, seit den fünfziger Jahren hatte Loki die Fotos sorgfältig eingeklebt; danach wurden sie lose verwahrt, in Kistchen und Kästchen.

Das alles staute sich auf zwei Stockwerken im »alten Archiv« im hinteren Teil des Familienhauses am Neubergerweg. Vieles mehr befand sich in Schmidts beiden Büros, im Hamburger Pressehaus bei der ZEIT und in seinem Parlamentsbüro in Berlin, das er als Altkanzler weiterhin hatte, nachdem er lange schon kein Abgeordneter mehr war. Bücher, Aktenordner, Mitbringsel von tausend Reisen – alles quoll über.

Und so ließ Helmut Schmidt auf seinem Grundstück am Neubergerweg im Jahr 2006 das »neue Archiv« errichten, einen kleinen, lichten Bau aus seinem geliebten roten Hamburger Backstein. Hier sollten seine Akten in Zukunft lagern, ordentlich und gut verwahrt. Wissenschaftler sollten in Ruhe nachlesen können, worüber er mit Deng Xiaoping in Peking oder mit Jimmy Carter in Washington gesprochen hatte, welche Briefe er von Willy Brandt bekommen oder an Herbert Wehner geschrieben hatte.

Schon im Kanzleramt hatte er auf allen Schriftstücken, die ihm wichtig waren, mit grünem Stift notiert: »Kopie für privates Archiv«. Er wollte ja im Ruhestand nicht untätig sein, wollte Bücher schreiben, Reden und Vorträge halten. In seinem Archiv sammelte er das Material für seine künftigen Arbeiten. Rund 2800 Ordner sind so zusammengekommen – das zu Papier gewordene Gedächtnis eines langen politischen Lebens.

Eine Fotogalerie ziert den hellen Eingangsbereich des Archivgebäudes. Helmut Schmidt hat seine politischen und persönlichen Freundschaften gepflegt. Hier sind die Weggefährten nun noch einmal mit ihm zu sehen: Gerald Ford, Lee Kuan Yew, Henry Kissinger, Olof Palme, Melvin Laird, Anwar el-Sadat, Giscard d'Estaing, Takeo Fukuda. Auch einen Empfang beim Tenno in Tokio zeigt die Fotowand, und die Besucher Leonid Breschnew und Willy Brandt auf der Sitzecke im Schmidtschen Wohnzimmer. Das Sofa steht immer noch da, es sind nur ein paar Schritte über den Rasen hinüber zu Schmidts Haus.

Die Wand gegenüber ist den Ikonen der deutschen Sozialdemokratie gewidmet: Herbert Wehner, Kurt Schumacher, Ernst Reuter, Fritz Erler, Erich Ollenhauer. Geht man um die Ecke, steht man vor den gesammelten *Spiegel*-Titelbildern, die das Magazin Helmut Schmidt gewidmet hat.

Fünf Wissenschaftler sollen zeitgleich im Archiv arbeiten können. Natürlich interessieren sich vor allem Zeithistoriker für das Lebenswerk des Altkanzlers. Im Jahr 2017 haben sich dreißig Forscher und Biographen in die Akten vertieft, die ihnen die Mitarbeiter des Archivs heraussuchen, im folgenden Jahr waren es schon doppelt so viele – vielleicht auch, weil Helmut Schmidt 2018 hundert Jahre alt geworden wäre.

Kein Wissenschaftler darf selbst in den Regalen stöbern. Schon deshalb nicht, weil das Archiv eines Ex-Kanzlers zwangsläufig geheime Akten enthält, auch wenn die Originale im Kanzleramt oder im Koblenzer Bundesarchiv verwahrt sind. NATO, Verhandlungen über Nuklearabkommen, Schleyer-Entführung: Vieles im Privatarchiv Helmut Schmidts hat die Bundesregierung bis heute als Verschlusssache eingestuft. Im Kanzleramt prüft eine Abteilung für Geheimschutz jedes einzelne Dokument: Darf es der wissenschaftlichen Forschung zugänglich gemacht werden oder nicht? Manche Konvolute bleiben komplett gesperrt – über die übliche Frist von dreißig Jahren hinaus.

Eine *presidential library* zu errichten, ist den deutschen Bundeskanzlern nicht vergönnt. Aber auch in Langenhorn lagert ein politischer Schatz. Der Ertrag eines langen, der öffentlichen Sache gewidmeten Lebens, hier am Neubergerweg wird er kundig und liebevoll gehütet. Die Nachgeborenen können sich so ein Bild machen von dem Kanzler, den sie nicht mehr erlebt haben. Und wenn dabei sein Ruhm gemehrt wird – Helmut Schmidt hätte nichts dagegen.

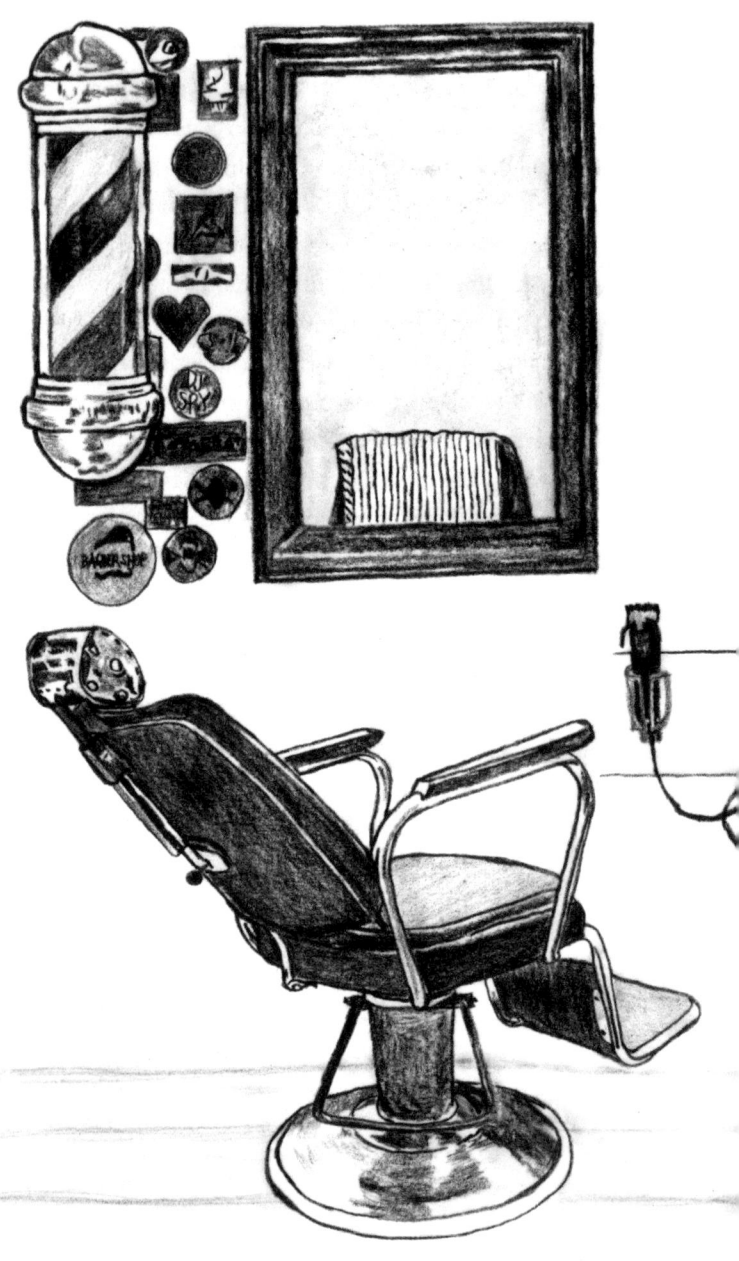

»GIB MIR MAL DEN KAMM«

≈

Im Barber Shop

Es begann damit, dass Helmut Schmidt seine Sicherheitsbeamten fragte, ob es in der Nähe des Pressehauses einen »anständigen Friseur« gebe. Sein alter Damen-und-Herren-Salon in der Hamburger Innenstadt hatte sich zu einem Kosmetikstudio entwickelt, für Helmut Schmidt war das nichts mehr. Und da seine BKA-Leute immer ordentlich frisiert zum Dienst erschienen, präzisierte er seine Frage: »Wo lassen Sie sich die Haare schneiden?«

Nun, zwei seiner Leibwächter gingen seit längerem in den Barber Shop von Marcus Jürs in der Steinstraße, keine 150 Meter vom Pressehaus entfernt. Jürs waren die beiden aufgefallen, weil sie als einzige seiner Kunden nie das Sakko ablegten, auch nicht bei großer Hitze. Einen der beiden sprach er darauf an: Der öffnete kurz sein Jackett, und Jürs erblickte ein Halfter samt Pistole. Seitdem stellte er keine Fragen mehr. Diskret schnitt er den beiden die Haare.

Kurze Zeit später öffnete Helmut Schmidts Fahrer die Ladentür. »Kennen Sie Herrn Schmidt?« Helmut Schmidt, wer kenne den nicht, erwiderte Jürs. »Herr Schmidt würde sich gern bei Ihnen die Haare schneiden lassen.« – »Aber ich mache keine Termine«, erklärte Jürs dem Emissär seine Geschäftsregeln. Das ließe sich gewiss regeln, meinte der Fahrer. Man dürfe den alten Herrn nur nicht warten lassen.

So kam Helmut Schmidt, im Jahr 2006, zum Rockabilly-Friseur. Alle vier Wochen hielten von nun an zwei schwere schwarze Mercedes-Limousinen gegenüber von St. Jacobi, die Fahrer blieben im Wagen, zwei Leibwächter brachten Schmidt in den Barber Shop. Dort saß der Altkanzler unter einem halben Dutzend Postern von Elvis Presley. Über dem Spiegel seines Stammplatzes am Fenster hing ein weißer Totenschädel mit schwarzem Filzhut. Auf der Leuchtröhre, die sein noch immer volles, wenn auch schlohweißes Haar beschien, war zu lesen: »Rock 'n' Roll trägt man nicht nur auf dem Kopf, sondern vor allem im Herzen.«

Anfangs war Schmidt der Laden suspekt. Nicht nur, weil sein neuer Friseur an Armen und Hals tätowiert war. Das ganze Ambiente schien ihm nicht zu behagen, dem vom Scheitel bis zur Sohle pedantischen Altkanzler, der seit jungen Jahren sein Haar streng geteilt trug, wie mit dem Lineal gezogen. Schmidt führte seinem neuen Coiffeur vor, wie er die Haare gern hätte. »Gib mir mal den Kamm«, habe er gesagt und sei sich damit durch seinen Schopf gefahren, so sitze der Scheitel richtig. »Er hatte immer noch dichtes Haar. Und er hat sehr darauf geachtet, dass er sich die Tolle vorne richtig hinlegen kann.«

Der Scheitel, die Tolle: Seit Jahrzehnten waren sie Schmidts Markenzeichen. Nachdem er seine anfängliche Skepsis überwunden hatte, vertraute Schmidt beides seinem neuen Friseur an. Von 2006 bis zu seinem Tod im November 2015 ließ er sich nun von Marcus Jürs die Haare schneiden.

Er kam dienstags um die Mittagszeit oder donnerstags kurz vor Feierabend. Zwei Stunden vorher riefen Schmidts Leute an. Und wenn er dann eintraf, warteten die anderen Kunden gern ein wenig länger. Anweisungen gab Schmidt nun keine mehr, brummelte allenfalls: »Das muss alles ab, das sieht wieder aus wie Gretchens Zöpfchen!«

Der Rest der Kundschaft schaute und lauschte interessiert. »Alle haben sich benommen, sind ruhig gewesen«, erzählt Marcus Jürs. »Oder haben gehorcht, was der Schmidt so zu sagen hatte.«

Schmidt erhielt den klassischen Herren-Fassonschnitt für 17 Euro. Trinkgeld? Ja, da sei der Altkanzler »nicht knauserig« gewesen. Wie er überhaupt im Barber Shop an der Steinstraße mit den Jahren immer lockerer wurde. Als sich vierzehn Tage vor Weihnachten im Salon die Kunden drängten und Schmidt (»Mensch, ist ja bannig voll!«) trotzdem sofort drankam, schickte er einen Leibwächter raus zum Wagen, um Autogrammkarten für alle zu holen. Dann signierte er die Fotos. Jürs' Kundschaft war hellauf begeistert.

Zehn Jahre lang ist er nie zu spät gekommen, hat nie einen Termin abgesagt. Nur einmal war er zu früh dran, musste eine Viertelstunde lang auf dem mittleren der drei Frisierstühle warten. Da fiel sein Blick auf zwei Wasserpflanzen in einem Glaszylinder. »Nicht dass ich hier in einer Drogenhöhle gelandet bin!« Die Pflanzen waren harmlos, doch Marcus Jürs spielte mit. »Verraten Sie mich nicht, sonst komme ich in den Knast und kann Ihnen nicht die Haare schneiden.« Schmidt: »Macht nichts, ich kenne einen Staatsanwalt, der holt Sie alle drei Wochen aus dem Gefängnis raus!« Dann brauche er auf seinen Haarschnitt nicht zu verzichten. Der Laden lachte.

Natürlich war Schmidt eitel. Vor Fernsehauftritten ließ er sich schon mal extra die Haare schneiden, auch wenn die vier Wochen noch nicht verstrichen waren. Manchmal kam Marcus Jürs dann auch zu ihm nach Hause, frisiert und rasiert wurde am Schreibtisch in Schmidts Arbeitszimmer.

Helmut Schmidt hatte Vertrauen zu seinem Rockabilly-Friseur gefasst. Der hatte sein Handwerk in den achtziger Jahren beim Vater in Winterhude gelernt.

Als der Senior das Gefühl hatte, er könne dem Jungen nichts mehr beibringen, schickte er ihn zur weiteren Lehre erst nach London und schließlich nach New York. Dort sollte er sich an der Barber University den letzten Schliff holen. Das Diplom hängt heute im Barber Shop.

New York, 1989. Marcus Jürs arbeitete in einem »Afro-Laden« in Harlem, Schwarze und Latinos waren seine Kunden. »Von den Menschen her unheimlich liebenswert.« Seither liebt er Amerika und hat sich beim Haareschneiden auf die Rockabillys und die Swing-Szene spezialisiert. Die Swing-Leute, erklärt er, trügen das Haar sehr akkurat. Gar nicht leicht zu schneiden. »Aber wenn die am Tanzen sind, das Haar sich bewegt, sehen sie aus, als trügen sie Frauenhaarschnitte aus den zwanziger Jahren, fast wie ein Bubikopf.« Helmut Schmidts Friseur gerät ins Schwärmen.

Am 21. Oktober 2015 hat er Schmidt das letzte Mal die Haare geschnitten, daheim am Neubergerweg. »Dann sehen wir uns in drei Wochen wieder«, habe er nach getaner Arbeit gesagt. »Das kann ich Ihnen nicht versprechen«, habe Schmidt geantwortet. »Zum Abschied hat er mir die Hand gegeben, das hat er sonst nie getan, und hat sich bei mir bedankt. Zwei Wochen später ist er eingeschlafen.«

Mit militärischen Ehren

≈

Der Flughafen

Damals, als Helmut Schmidt Bundeskanzler war, hatte Deutschland neben Köln-Bonn einen zweiten Staatsflughafen, hin und wieder jedenfalls. In Fuhlsbüttel fanden sie es erhebend, wenn Schmidt in seiner Heimatstadt einen hohen Gast empfing, Leonid Breschnew etwa, oder Giscard d'Estaing. Womöglich mit militärischen Ehren. Der Kanzler machte dabei immer eine so gute Figur.

Als Langenhorner wohnte Schmidt ja praktisch um die Ecke. »Die Leute hier empfanden, das ist unser Nachbar«, sagt Flughafenchef Michael Eggenschwiler. »Wenn er auf einen Staatsgast wartete, hat er im Hangar geraucht und sich mit den Mitarbeitern unterhalten.« Einige erzählen heute noch davon, »wie er da ganz normal mit den Leuten umgegangen ist, bevor sein Besuch ankam«.

Nachbar Schmidt holte die Weltpolitik nach Hamburg, das hat ihnen gefallen in Fuhlsbüttel. Und deshalb war es »irgendwie logisch«, sagt Eggenschwiler, dass man nach dem Tode Helmut Schmidts den Namen des Flughafens ergänzte. Hamburg Airport Helmut Schmidt heißt er jetzt.

Alle waren sich einig, das sei eine gute Idee. Die Jusos gehörten zu den Ersten, die den Vorschlag machten. Die Jusos, ausgerechnet. Die Bürgerschaft stimmte einmütig dafür, nur die Linken enthielten sich der Stimme. Trotz Breschnew-Besuch.

Eine Weltstadt, ist ja klar, braucht einen Flughafen, dessen Name etwas hermacht. New York hat seinen John-F.-Kennedy-Airport, Paris hat Charles de Gaulle. Gut, schränkt Michael Eggenschwiler ein, »JFK und CDG, das ist schon eine andere Liga«. Der Hamburger Flughafen sei ja auch nicht umbenannt worden, sondern habe nur den »Beinamen« Helmut Schmidt erhalten. »Wir wollten auch nicht überziehen mit seiner Präsenz. Also, er soll da sein, aber wir bleiben der Hamburger Flughafen.«

Und den fand Schmidt, um ehrlich zu sein, immer etwas provinziell. Am liebsten hätte er schon vor Jahrzehnten einen Großflughafen in Kaltenkirchen gebaut. Aber die Hamburger, musste er wieder einmal feststellen, denken eben ein bisschen klein. Kaltenkirchen blieb ungebaut, während im Süden München zum Luftfahrt-Drehkreuz aufstieg. Immerhin, dass sie in Fuhlsbüttel nach dem Krieg überhaupt wieder so rasch Wind unter die Flügel bekamen, das schrieb sich Helmut Schmidt auch selber zu. Und nicht ganz zu Unrecht. Als junger Verkehrsdezernent in der Wirtschaftsbehörde sorgte er mit dafür, dass die Lufthansa ihre Technik nach Hamburg holte. Auch deshalb wurde er später zum Ehrenvorsitzenden des Flughafen-Aufsichtsrates gewählt. Er hat aber nur einmal an einer Sitzung teilgenommen, obwohl er, wie Michael Eggenschwiler versichert, »emotional eng am Flughafen dran« war.

Das stimmt wohl. Doch als der Hamburger Airport im Jahr 2005 seinen 100. Geburtstag feierte, konnte Schmidt nicht teilnehmen. Er bedankte sich für die Einladung mit einem Brief. »Durch Ihre Zeilen habe ich mich an den Sommer vor 80 Jahren erinnert. Damals machte ich mich nach der Schule zu Fuß nach Fuhlsbüttel auf – und tatsächlich sah ich zweimal ein kleines Flugzeug starten. Die Leute am Flughafen waren sehr freundlich und haben mir eine bronzefarbene Nadel mit dem Kranich der Lufthansa geschenkt.«

Heute erinnern sie mit einer Dauerausstellung in der ersten Etage von Terminal 2, gleich vor dem Restaurant, an ihn. Vier metallene Säulen mit Fotos und kurzen Texten, vier Themen: »Der Staatsmann« – »Hamburger Bürger« – »Der Flughafen-Nachbar« – »Die Luftfahrt«. Eingerahmt wird die Ausstellung von zwei großen Porträts. Sie blicken auf die Flugpassagiere, die unten bei der Lufthansa einchecken. Der junge

Schmidt und der Kanzler. Das muss reichen. »Er ist da, aber nicht an jeder Ecke. Es ist hanseatisch zurückhaltend«, findet Flughafenchef Eggenschwiler.

Der gebürtige Schweizer, seit 2005 Vorsitzender der Geschäftsführung, hat nie mit Schmidt gesprochen. Aber er hat registriert, mit welchem Respekt die Hamburger ihm begegneten. »Und deshalb passt das hier auch.« Wie zum Beweis zeigt er beim Herausgehen auf den Arbeitsplatz seiner Sekretärin. Hinter ihrem Schreibtisch hängt, schon etwas verblichen, eine Titelseite der *Hamburger Morgenpost* an der Wand. Die *MoPo* findet ja immer die richtigen Worte, wenn in Hamburg Bedeutendes geschieht. Auch in diesem Fall sprach ihre Schlagzeile allen aus dem Herzen, der Chefsekretärin, den Fuhlsbüttlern, den Langenhornern – ach, einfach ganz Hamburg: »Richtig so! Helmut Schmidt kriegt seinen Flughafen.«

Wie oft ist er hier gestartet, gespannt auf die Welt da draußen. Manchmal auch nur gestresst, genervt, gehetzt. Und wie gern ist er wieder hier gelandet. Alles ein bisschen kleiner als in Paris oder in New York. Aber dafür war er wieder in Hamburg – in der Stadt, die es nicht so schätzt, wenn Leute abheben.

Die Schwingen
des Anden-Kondors

≈

Das Chilehaus

Knallrot ist die Sparbüchse im Büro der Denkmalpflegerin Dr. Agnes Seemann, ein knallrotes kleines Chilehaus. Der Eigentümer des richtigen Chilehauses, die Union Investment, wirbt damit für sich und für das wohl schönste Beispiel expressionistischer Architektur in Hamburg. Die Investmentgesellschaft, vermutet Agnes Seemann, ist stolz darauf, »ein Welterbe in ihrem Portfolio zu haben«.

Das nämlich ist das Chilehaus: Welterbe, von der Unesco anerkannt. Und so viel sei ja nun wohl klar, sagt Frau Seemann: »In die Welterbeliste werden keine durchschnittlichen Architekturen aufgenommen.« Kann also ganz Hamburg stolz sein auf dieses Gebäude? »Bestimmt!« Und sie selbst, ist sie auch stolz? »Ja, natürlich.«

Agnes Seemann war es, die den von Hamburg bei der Unesco eingereichten Antrag erarbeitet hat. 2015 nahm die Kulturorganisation der Vereinten Nationen das Ensemble »Speicherstadt und Kontorhausviertel mit Chilehaus«, wie es offiziell heißt, in die Liste des Welterbes auf. Welch ein Triumph für den Hamburger Denkmalschutz!

Helmut Schmidt, der als junger Mann davon geträumt hatte, Architekt und Städteplaner zu werden, liebte dieses Gebäude. Es war für ihn ein grandioses Zeugnis Hamburger Backsteinarchitektur, die seiner Heimatstadt das so typische Gesicht gab. Roter Klinker, das war der Stoff, aus dem unter Oberbaudirektor Fritz Schumacher Anfang des 20. Jahrhunderts Dutzende repräsentativer Gebäude entstanden.

Aus rotem Klinker ist auch das Chilehaus. Bauherr Henry Brarens Sloman, mit dem Salpeterhandel vermögend geworden, hatte auf Vorrat 4,8 Millionen Ziegelsteine gekauft. Der Architekt Fritz Höger, den Sloman mit dem Bau beauftragte, war darüber gar nicht glücklich. »Was soll ich mit dem Schrott machen?«, soll er beim Anblick des besonders hart gebrannten Klinkers gesagt haben. Es war Ausschussware, mit der er zu arbeiten hatte.

Höger hat daraus ein Kunstwerk erschaffen. In den Jahren 1922 bis 1924 entstanden, wurde das Chilehaus zum Beispiel moderner Büro-Architektur. Schon deshalb, weil es über alles verfügte, was für ein Bürohaus damals als zeitgemäß galt: Rohrpost, Paternoster, elektrisches Licht und frei aufteilbare Räume. Vor allem aber, weil sich das Gebäude so elegant über die bis dahin eng bebaute Umgebung erhob. Bis zu zehn Stockwerke hoch, mit türkisfarbenen Geländern an den oberen Staffelgeschossen.

Schlank zieht sich der Bau zwischen Burchardstraße und Messberg hin. Schwungvoll folgt er am Messberg der Straßenführung. »Das Chilehaus ist an dieser Stelle konkav eingebogen, der Messberghof auf der anderen Seite folgt ihm wie ein Tänzer mit konvexer Schwingung«, erläutert Agnes Seemann. In seiner Mitte überspannt das Chilehaus die Fischertwiete, durch die sich einst der Verkehr in Richtung Hafen bewegte. Heute ist die Straße gesperrt, dadurch entstand ein ruhiger Innenhof. Man kann dort seinen Kaffee trinken, in den Schaufenstern von Manufaktum die guten Dinge betrachten, die es immer noch gibt. Man kann aber auch im Fachgeschäft gegenüber ein Jagdgewehr erwerben.

Der dunkelrote Klinker glitzert auch nach hundert Jahren noch, wenn die Sonne darauffällt. Agnes Seemann schwärmt von dem »dynamischen Fassadenbild«, von Högers Kunst, mit dem Material umzugehen. »Es lohnt sich, bei diesem Gebäude genau hinzugucken. Je genauer man hinsieht, desto mehr entdeckt man.« Etwa die kleinen Terrakotta-Figuren, die der Bildhauer Richard Kuöhl geschaffen hat: Bären zum Beispiel, einen Hahn oder »die vielen fetten Kinder«, wie Seemann spottet. Und natürlich den Anden-Kondor

– Chiles Wappentier –, der an der Spitze des Gebäudes seine Schwingen spannt.

Die Spitze! Ihr vor allem verdankt das Chilehaus seinen frühen Weltruhm. Jeder, der sie sieht, denkt sofort an den Bug eines Schiffes, das Richtung Osten in See sticht.

Eines ist das Chilehaus nach Meinung von Agnes Seemann auf alle Fälle: »ein Ur-Hamburger Haus«. Kein anderes Gebäude stelle eine so perfekte Verbindung zwischen Architektur und Hafen dar. Wichtiger aber ist ihr etwas anderes: Im Kontorhausviertel und der Speicherstadt könne man »die Geburt der modernen City erleben«.

Bis zu Beginn des 20. Jahrhunderts sei auch in Hamburg meist noch alles unter einem Dach gewesen: Wohnung, Lager und Kontor. Mit dem Bau der Speicherstadt sei das erste »monofunktionale Viertel« geschaffen worden, mit dem der gegenüberliegenden Kontorhäuser »ein weiteres, funktional eng damit verbundenes Viertel«. Hamburg habe damit über Deutschland hinaus Maßstäbe gesetzt.

Und was ist mit der Backstein-Architektur, die Helmut Schmidt so bewunderte? Ja, auch die Kunsthistorikerin und Denkmalpflegerin Seemann schätzt sie. »Dieses beständige Material und diese warmen Farben!« Überhaupt sei in Hamburg »alles nicht so großspurig«. Das Panorama der Stadt habe sich nicht sehr verändert. Es sei »heimatverbindend und identitätsstiftend« geblieben.

Helmut Schmidt muss das ähnlich empfunden haben. Als auf dem Domplatz, auf den er aus dem Pressehaus schaute, ein neues Bürogebäude entstehen sollte, ein »kristallener Solitär«, da intervenierte er 2006 in der ZEIT energisch gegen den »krampfhaft-schiefen, glasverkleideten Stahl-Skelettbau«. Er plädierte dafür, die Traditionen zu wahren. »Zur hamburgischen Tradition gehört, dass den über Elbe und Alster weit herausragenden Türmen der großen Kirchen und des Rathauses keine Wolkenkratzer Konkurrenz machen; dass man seine Beton- oder Stahlbauten solide mit doppelt gebranntem Backstein umkleidet.« Der Glaskasten wurde nie gebaut.

Für Helmut Schmidt blieb modern, was in seiner Jugend Avantgarde war. Zeit seines Lebens rühmte er die beiden »großen Baumeister« Fritz Höger und Fritz Schumacher und wünschte sich, sie würden in seiner Stadt stilbildend bleiben. »Ich hoffe«, so schrieb er einmal, fast wehmütig, »auf eine breite Rückkehr des Klinkers, wie er unserer Landschaft gemäß ist.«

Abschied von der Plattensammlung

≈

Hochschule für Musik und Theater

Zwei Treppen sind es von Elmar Lampsons holzgetäfeltem Büro im ersten Stock hinunter ins Magazin der Hochschule für Musik und Theater Hamburg. Der Hochschulpräsident muss sich am Empfang erst den Schlüssel besorgen, sein eigener Generalschlüssel passt nicht für den Raum im Souterrain der herrschaftlichen Villa am Harvestehuder Weg.

Hier unten, auf schweren, verschiebbaren Stahlregalen, verbirgt sich ein kleiner Schatz. Säuberlich alphabetisch geordnet – von Bach und Beethoven über Mendelssohn und Mozart bis Wagner und Verdi – reihen sich die Schallplatten mit klassischer Musik, die sich Helmut und Loki Schmidt im Laufe eines langen Lebens gekauft haben oder die ihnen geschenkt wurden.

Viele aufwendig gestaltete Kassetten: Haydns Schöpfung etwa, Bachs Brandenburgische Konzerte, Beethovens Fidelio, Bruckners Sinfonien, Schuberts Winterreise, Brahms Deutsches Requiem. Daneben hunderte von Einzelaufnahmen. Alles schöne alte Vinylplatten, keine einzige CD. Manches Cover trägt eine Widmung. Auf der Plattenhülle einer Aufnahme von Mahlers vierter Sinfonie etwa steht in schwungvoller Schrift: »An Frau Schmidt. Grüsse + alles Liebe. Zubin Mehta, 1979.«

In seinem vom Sonnenlicht durchfluteten Präsidentenbüro erzählt Elmar Lampson, wie die Plattensammlung in die Musikhochschule an der Außenalster kam, in jenes herrliche, 1884 errichtete Palais, das einst der jüdischen Familie Budge gehörte, bis die Nazis es an sich rissen, und in dem seit 1956 die Musikhochschule ihren Sitz hat.

Helmut Schmidt hatte sich im Frühjahr 2007 an seinen Freund Manfred Lahnstein gewandt, den früheren Bundesfinanzminister und späteren Professor für Kultur- und Medienmanagement an der Musikhochschule. Lahnstein möge doch bitte einmal fragen, ob die Musikhochschule seine Platten gebrauchen könne. Schmidt konnte seit Jahren keine Musik mehr hören, sein Gehör hatte mit zunehmendem Alter stark gelitten. Lange schon trug er ein Hörgerät. Musik nahm er, der Musikliebhaber, nur noch als Lärm wahr. Eine persönliche Tragödie.

Der Musikhochschule war das Ehepaar Schmidt seit langem verbunden, beide waren gut bekannt mit deren Präsidenten Hermann Rauhe, dem Vorgänger Lampsons. Loki Schmidt hatte zu Rauhes Zeiten eine Konzertreihe begründet: »Musik im Botanischen Garten«. Es gibt sie noch heute.

Manfred Lahnstein fragte also bei Lampson an, und der sagte sofort ja. Zwar werden der Hochschule viele musikalische Nachlässe angeboten, die sie gar nicht unterbringen kann, aber bei den Schmidts war das etwas anderes. »Auf die Idee, das abzulehnen, bin ich überhaupt nicht gekommen«, erzählt Lampson. »Allein die Tatsache, dass sich Helmut Schmidt an die Musikhochschule erinnert hat, als er sich seine Plattensammlung angeguckt und sich gefragt hat, was mache ich denn damit, ist doch irgendwie toll.«

Also setzten sich Elmar Lampson und seine damals neunzehnjährige Tochter Felicia an einem sommerlichen Spätvormittag in den blauen Familien-Lupo und fuhren zu den Schmidts am Neubergerweg. Loki habe sie an der Haustür in Empfang genommen, »wie man alte Bekannte begrüßt«. Ganz viel Zeit habe sie sich genommen, habe nach den beruflichen Plänen der Tochter gefragt, die kurz vor dem Abitur stand. Dann sei Helmut Schmidt die Treppe heruntergekommen. Zu viert habe man sich an den Tisch gesetzt und geredet. »Ich fand das so natürlich, so menschlich, so normal.«

Aber Vater und Tochter waren ja gekommen, um die Platten abzuholen. »Und dann sah ich wirklich sehr,

sehr lange Reihen, eine Platte neben der anderen.« Haben die Schmidts mit Kummer Abschied von ihren Schätzen genommen? Ein bisschen wohl schon. Jede Platte, die von den Lampsons aus dem Regal gezogen wurde, hätten die beiden noch einmal angeschaut, es gab ja Erinnerungen, sie wussten noch, wer sie ihnen geschenkt hatte. »Das ging alles sehr langsam voran.«

Das Auto jedoch war rasch voll – »und die Platten waren nicht furchtbar viel weniger geworden«. Der Polizist, der das Haus der Schmidts bewachte, habe gesagt, so könnten sie aber nicht fahren, das überladene Auto habe ja »X-Beine« bekommen. Also wurden einige Platten wieder ausgepackt, und am nächsten Tag kam man mit den beiden Autos der Familie Lampson zurück, dem blauen Lupo und dem schwarzen Volvo. Mit dabei waren nun auch Frau Lampson und die Söhne Finn und Ingmar.

Ein wenig Trennungsschmerz nahm Elmar Lampson auch an diesem zweiten Tag wahr. Schmidt verstand wirklich etwas von den Platten, die er nun weggab. »Das war frappierend«, sagt Lampson. »Helmut Schmidt hat sich mit musikalischen Fragen tief und kompetent auseinandergesetzt. Zu jeder musikgeschichtlichen Frage, die mit irgendeinem dieser Komponisten zusammenhing, wusste er genauestens Bescheid.«

Was ihn aber am meisten beeindruckt hat, das war Schmidts »bitterer Ernst«. Er und Loki seien im Sommer 2007 ja schon sehr alt gewesen. »Ich habe in diesem ganzen Gespräch eine tiefe Wehmut erlebt, von zwei Menschen, die geistig extrem präsent waren, wach und hell und schnell. Und die doch spürten, wie ihr Körper einfach wegbrach.«

Ja, das sei ihm im Gedächtnis haften geblieben. Welch starke Schmerzen Schmidt gehabt habe und wie wenig er noch habe hören können. Und wie er deshalb Abschied von seiner Plattensammlung nahm. Mit bitterem Ernst.

In bester Lage

≈

Der Übersee-Club

Eines geht hier gar nicht: ungebeten die eigene Visitenkarte zu überreichen. »Das Geschäftemachen ist bei uns verpönt!«, sagt Michael Behrendt mit leicht indigniertem Unterton. Nein, in den Übersee-Club geht man, um einem Vortrag zu lauschen und beim anschließenden Abendessen über das Gehörte zu sprechen. Es ist kein Club, in dem unten in der Halle Wirtschaftsvertreter »ihren nächsten Deal anbahnen möchten«.

Okay, wenn es sich ergibt, kann man auch schon mal über das Geschäft sprechen, sagt Behrendt. *So what.* »Aber es ist nicht der Sinn des Clubs.« Man wolle alle zusammenbringen: Politiker, Mediziner, Theologen, Leute aus der Wirtschaft. »Wichtig in diesem Club ist nicht, dass man mit fünfundzwanzig seine erste Million gemacht hat, sondern dass man engagiert und bereit ist, über den Tellerrand zu gucken.«

Behrendt kommt selbst aus der Wirtschaft, ist Aufsichtsratsvorsitzender von Hapag-Lloyd. Zugleich hat er eines der vornehmsten Ehrenämter inne, die Hamburg zu vergeben hat, er ist Präsident des Übersee-Clubs. Verlässt er sein Büro bei Hapag-Lloyd zu Fuß, dann ist er in zehn Minuten bequem dort. Den Ballindamm runter, rechts den Jungfernstieg entlang, dann noch mal nach rechts auf den Neuen Jungfernstieg. Hapag-Lloyd und Übersee-Club in einer milde lenkenden Hand: Behrendt hat es in den hanseatischen Olymp geschafft.

Neuer Jungfernstieg Nr. 19. Was für ein wunderbares Haus, in dem der Club seit 1969 residiert. Die Kaufmannsfamilie Jenisch hat es in den dreißiger Jahren des 19. Jahrhunderts gebaut. Von den Bomben des Zweiten Weltkriegs verschont geblieben, ist das weiße Haus die letzte erhaltene Patriziervilla an der Binnenalster, ein architektonisches Kleinod in bester Lage.

Den Anstoß zur Gründung des Clubs im Jahr 1922 gab der Bankier Max Warburg. Er wollte einen »Sprechsaal« schaffen, in dem sich Hamburger Politiker und Kaufleute trafen, die international dachten, vom Segen des Freihandels überzeugt waren, aber auch die Bürden des Versailler Vertrages abstreifen wollten. John Maynard Keynes, britischer Nationalökonom und Berater des Londoner Schatzkanzlers bei den Friedensverhandlungen in Versailles, hielt im August 1922 vor den Clubmitgliedern eine Rede über Deutschlands Reparationspflichten. Keynes setzte gewissermaßen den

Maßstab, den der Club bis heute für sich in Anspruch nimmt. Man hat es gern exzellent.

Im Mai 1934 löste sich der Übersee-Club vorübergehend auf, für freien Geist und freien Handel war unter der NS-Herrschaft kein Platz. Welche Zeiten angebrochen waren, zeigte das Thema des letzten Vortrags: »Die Erbbelastung des deutschen Volkes und die Verhütung erbkranken Nachwuchses«. Der Club schloss seine Pforten.

Max Warburg emigrierte 1938 in die Vereinigten Staaten und starb 1948 in New York. Es war das Jahr, in dem der Übersee-Club in Hamburg neu gegründet wurde. Helmut Schmidt war eines seiner ersten Mitglieder. 1951, damals 32 Jahre alt und Leiter der wirtschaftspolitischen Abteilung in der Wirtschaftsbehörde, trat er dem Club bei. Einer der beiden Bürgen, die jedes neue Mitglied braucht, war Ernst Plate, Direktor der Hamburger Hafen- und Lagerhaus-Aktiengesellschaft (HHLA) und späterer FDP-Wirtschaftssenator.

Schmidt strebte nach oben. Da konnte eine Mitgliedschaft im Übersee-Club nicht schaden. Aber vielleicht dachte er auch einfach nur liberal und international, so wie der CDU-Politiker Erik Blumenfeld, der mit Ernst Plate und anderen die Initiative zur Neugründung des Clubs ergriffen hatte.

Michael Behrendt jedenfalls meint, Schmidt sei von Anfang an ein besonderes Mitglied gewesen und er

sei »dann über die Zeit *the one and only*« geworden. Fast dreißig Jahre lang gehörte Schmidt dem Kuratorium der Übersee-Clubs an, und als er dort an die Altersgrenze stieß, wurde er 1992 zum – bis heute einzigen – Ehrenmitglied ernannt. »Man konnte mit seiner Mitgliedschaft auch ein bisschen angeben«, lacht Behrendt. »Man war stolz auf ihn.«

Für Behrendt, Jahrgang 1951, war Helmut Schmidt der Politiker, der ihn in seiner Jugend am meisten geprägt habe. »Vielleicht hat meine Generation eher Willy Brandt bewundert. Aber mein Portemonnaie hätte ich schon damals Helmut Schmidt anvertraut.« Der Präsident blickt aus dem Roten Salon des Clubs auf die wuchtige Fassade des Hapag-Lloyd-Gebäudes direkt gegenüber auf der anderen Seite der Binnenalster: »Man konnte sich auf ihn verlassen. Man konnte ihm vertrauen, dass er es, wie der Hamburger sagt, anständig machen würde.«

Wahrscheinlich war der junge Sozialdemokrat Schmidt seinerseits stolz darauf, dem illustren Club anzugehören. Später sorgte er selber für etwas Glanz. Fünf große Reden hat er hier gehalten, als SPD-Fraktionsvorsitzender im Bundestag, als Bundesfinanzminister, als Bundeskanzler und als Kanzler außer Dienst. Die Themen waren von Schmidtscher Gravitas: »Die Deutsche Frage im nächsten Jahrzehnt« (1967). »An der Schwelle zum 21. Jahrhundert: Weltprobleme und Lösungskompetenzen« (1990). »Weltbevölkerungswachstum, Kairoer Konferenz und die Konsequenzen für uns alle« (1995). Wer wollte da behaupten, er wäre zum Spaß gekommen. Hinterher gab es die Reden ausgedruckt in kleinen blauen Büchlein.

Heute sei der Club »fast ein bisschen puritanisch«, behauptet Michael Behrendt. Früher, in den fünfziger und sechziger Jahren, ja, da ging es unter dem legendären Präsidenten Rolf Stödter nach den Vorträgen schon mal in den Keller des Hotels Vier Jahreszeiten nebenan. Da spielte eine »Zigeunerkapelle«, und es wurde bis morgens getanzt. Vorbei. Heute wird weniger gefeiert. Im Club, betont der Präsident noch einmal, treffen sich »Menschen gemeinsamen Interesses zum geistigen Austausch«.

Na ja, Schmidt kam manchmal einfach nur zum Essen. Ein Barkeeper, seit vierzig Jahren dabei, erinnert sich an die späten siebziger Jahre, RAF-Zeit. Da hätten Zivilpolizisten mit Maschinenpistolen die Clubhalle betreten und angekündigt: Gleich kommt der Bundeskanzler. Dann sei Schmidt reingerauscht. »Ich wollte mal 'ne Kleinigkeit essen, meine Frau ist in der Nähe einkaufen.« Dann ging er hoch in den Roten Salon und las die *Welt*.

Schmidt mochte die Atmosphäre des Hauses. Vornehm, ruhig, diskret – hier fühlte man sich auch als Sozi wohl. Wo er helfen konnte, da half er. Etwa, wenn es galt, Giscard d'Estaing als Redner zu gewinnen. Einmal, im Jahr 1981, hat der Bundeskanzler Schmidt im Übersee-Club sogar ein Staatsessen gegeben, zu Ehren des japanischen Ministerpräsidenten Zenko Suzuki. »Da war es hier auch einmal hoheitlich«, freut sich Michael Behrendt im Rückblick.

Gewiss, der SPD gehörte Helmut Schmidt noch länger an. Aber 64 Jahre lang war er Mitglied des Übersee-Clubs. Im Oktober 2013, zwei Jahre vor seinem Tod, aß er hier mit Joschka Fischer zu Abend. Einen ganzen Nachmittag lang hatten die beiden in Schmidts Büro am Speersort über Europa diskutiert, das Gespräch erschien später in einem Buch. Danach saßen sie im Jenisch-Zimmer zusammen, dem schönsten Raum des Clubs.

Kein anderer Gast war da, das Haus lag leer und still an diesem Abend. Die beiden aßen, tranken Rotwein und hatten Freude aneinander. Schmidt hatte sich das Gespräch mit Fischer gewünscht, weil er zu dem Schluss gekommen war, dieser sei auf seine alten Tage politisch »erwachsen« geworden. Da saßen sie beieinander, der sozialdemokratische Altkanzler und der grüne Außenminister a. D., freundlich bewirtet von den aufmerksamen Kellnern, lachten viel. Und schauten, wenn sie mal schwiegen, versonnen auf die Lichter Hamburgs, die von Ballindamm und Jungfernstieg auf die abendliche Alster fielen.

»Die gute Stube des lieben Gottes«

≈

Der Michel

Es hatte seinen guten Sinn, dass Helmut Schmidts Lebensweg mit einer bewegenden Trauerfeier im Michel endete. Im November 2015, an einem strahlend hellen Wintertag, haben die Stadt und das Land hier von ihm Abschied genommen. Gottesdienst, Staatsakt, militärisches Zeremoniell – der Rahmen war gewaltig. Und doch war die Feier von ergreifender Schlichtheit. Niemand im lichten Gotteshaus, wirklich niemand, dem nicht die Tränen kamen, als der Volkssänger Jochen Wiegandt von der Empore sein »Min Jehann« sang. »Ick wull, wi weern noch lütt, Jehann, dor weer de Welt so groot.«

Für den Jungen, der in Barmbek und Eilbek aufwuchs, war die Michaeliskirche, wie Schmidt einmal schrieb, »sehr weit weg; man sah sie während der Kindheit nur wenige Male – und eigentlich auch nur den Turm, von fern über die Außenalster hinweg«.

Aber wie für jeden guten Hamburger wurde auch

für Helmut Schmidt der Michel das Wahrzeichen der Stadt. Sein Anblick signalisierte dem Heimkehrenden, ob er sich mit dem Schiff auf der Elbe näherte oder mit dem Auto von den Harburger Bergen: »Ich bin wieder zu Hause!« So empfand es Schmidt.

Feuer hat den Michel zerstört, Bomben haben ihn schwer getroffen. Aber er ist immer wieder aufgebaut worden, nach dem Brand von 1906 wie nach dem Zweiten Weltkrieg. Für Schmidt ist er damit »ein Symbol der Lebenskraft, des Lebenswillens und der Eigenständigkeit Hamburgs« geworden. Er musste einfach immer wieder neu errichtet werden. »Denn Hamburg wäre ohne den Michel nicht Hamburg geblieben.«

Das empfindet auch Alexander Röder so, Hauptpastor an St. Michaelis. Er hielt die Predigt bei der Trauerfeier für Helmut Schmidt. Röder erinnert sich an ein Foto aus dem Jahr 1953, Kirchentag in Hamburg. »Da steht dieser Michel, zwei Jahre nach dem Krieg wieder aufgebaut, und ringsum das absolute Trümmerfeld. Und der Michel steht da, drum herum Tausende von Menschen, die an diesem Michel Gottesdienst feiern. Dieses Bild ist tief beeindruckend. Ein Zeichen für den Überlebenswillen der Stadt.«

War Schmidt ein gläubiger Christ? Gewiss, er war getauft und blieb ein treues Mitglied seiner evangelischen Kirche. Aber glaubte er? Wenn, dann näherte er sich dem Glauben über die Kirchenmusik. Sie berührte ihn. Hauptpastor Röder mutmaßt, dass die Musik bei Helmut Schmidt »eine Saite zum Schwingen gebracht hat, die vielleicht bei ihm die religiöse Saite war«. Schmidt war, was ja nicht selten ist, ein Bach-Christ.

Alexander Röder sagt es so: »Sein Glaube war kein unmittelbarer, Helmut Schmidt ließ glauben.« Er ließ glauben, so sieht der Hauptpastor es, von Johann Sebastian Bach. Er ließ glauben von Matthias Claudius. Eine Mischung sei dies gewesen »aus fast naiv wirkendem kindlichen Vertrauen und einem hochintelligenten und aufklärerischen Geist«. Bach und Claudius, das seien für Schmidt »wichtige Protagonisten gewesen in seiner eigenen Form, mit Religion umzugehen«.

Schmidt jedenfalls kam nicht zum Gottesdienst in den Michel, sondern zu den Kantaten, zum Weihnachtsoratorium oder zur Matthäuspassion. Überwältigt hat ihn die Bachfeier 1985.

Schon Helmut Schmidts Mutter hatte als junges Mädchen im Kirchenchor von St. Michaelis gesungen. Für ihn, soll Schmidt einmal gesagt haben, gebe es keinen schöneren Beruf, als Organist in St. Michaelis zu sein.

Umso schmerzlicher für ihn, dass er die Musik im Alter nicht mehr hören konnte, ja dass sie ihm zur Qual wurde. Einmal dirigierte Kurt Masur ein Konzert der Deutschen Stiftung Musikleben im Michel. Natürlich war Schmidt eingeladen, die beiden waren einander eng verbunden. Aber Schmidt sagte ab. Masur wollte das nicht akzeptieren, redete Schmidt zu: Sie müssen kommen.

Also machte der sich auf den Weg in den Michel, trat ans Mikrofon und sagte, so erinnert sich einer der Anwesenden: Meine Damen und Herren, ich liebe die Musik von Johann Sebastian Bach. Aber ich kann sie nicht hören. Und deshalb müssen Sie jetzt erleben und ertragen, dass ich gehe. Dann erhoben sich alle, und Kurt Masur geleitete Helmut Schmidt gemeinsam mit dem damaligen Hauptpastor Helge Adolphsen aus der Kirche. Draußen sagte Schmidt zu dem Geistlichen: »Herr Adolphsen, es ist schrecklich, alt zu werden.«

Die Musik, der helle, weite Kirchenraum, der 132 Meter aufragende Turm – Helmut Schmidt liebte seinen Michel, so wie alle Hamburger den Michel lieben.

Alexander Röder beobachtet an diesem Ort bis heute eine Form von Volkskirche, »die wirklich noch gelebt wird«. Etwa wenn zu Beginn des Hafengeburtstages beim Gottesdienst ein Shanty-Chor neben den Klang der Orgel tritt. Oder wenn am Erntedankfest der Bäckerchor singt. Und natürlich, wenn im Michel alljährlich das Hafenkonzert für Weihnachten aufgezeichnet wird.

So war es auch einen Tag nach der Trauerfeier für Helmut Schmidt, erinnert sich Röder. »Wir hatten montags die Trauerfeier, und dienstags war die Aufzeichnung vom Hafenkonzert. Der NDR hat erst gar nicht abgebaut.«

Das kann man wahrhaftig Volkskirche nennen. Oder, wie Hauptpastor Röder es mal hamburgisch ausdrücken möchte: »Für mich ist der Michel die gute Stube des lieben Gottes.«

Wer wollte ihm da widersprechen? Auch wenn Helmut Schmidt einmal bei einem Wirtschaftsforum im Michel mit Blick auf das Kirchenrund giftete: »Luther würde sich im Grabe umdrehen, wenn er diesen Protz sähe!«

In Wahrheit war der Michel wohl auch für Schmidt »ein Ort, der Menschen zu Herzen geht«, sagt Alexander Röder. Der, im 18. Jahrhundert nach den Plänen des Baumeisters Ernst Georg Sonnin errichtet, ein Bau der Aufklärung ist. Der als Bürgerkathedrale seither stolz über dem Hafen thront. Über den Schmidt voller Pathos 1985 in der ZEIT schrieb: »Auch in Zukunft wird der Michel ein Sinnbild meiner Stadt sein. Er wird bleiben, was er für Millionen Hamburger in allen Generationen gewesen ist: Wahrzeichen, Seezeichen in einer stürmischen Welt.«

Im Herbst 2010 saß er in dieser Kirche, in der ersten Reihe, und weinte um seine Frau Loki. Auch von ihr, Ehrenbürgerin Hamburgs wie ihr Mann, hat die Stadt im Michel Abschied genommen. Und Hauptpastor Alexander Röder erinnert sich an einen dramatischen Moment, der manchem, der dabei war, vielleicht nicht mehr in Erinnerung ist.

»Wir hatten am Portal 7 eine Holzrampe bauen lassen, damit Helmut Schmidt über diese Rampe in die Kirche gefahren werden konnte. Und auf demselben Wege sollte er auch wieder aus der Kirche gebracht werden. Und dann hat sich Helmut Schmidt aus eigener Kraft mit seinem Rollstuhl aufgemacht und ist hinter dem Sarg hergerollt. An den Stufen des Hauptportals ist er aus seinem Rollstuhl aufgestanden und ist, auf zwei Leute gestützt, die Treppe heruntergegangen. Er fand in diesem Augenblick die Kraft dazu. Dieser unendliche Schmerz, von Loki jetzt lassen zu müssen, aber diesen letzten Weg mit ihr machen zu wollen – das hat mich zutiefst angerührt.«

Als ihn seine Sicherheitsbeamten davon abbringen wollten, die Stufen des Hauptportals hinabzugehen, als sie ihm helfen wollten und sagten: Herr Schmidt, bitte …, da habe er sie, voller Verzweiflung, angefahren: »Ach, lasst mich!«

ÜBER DEN AUTOR

Matthias Naß, geboren 1952, ist Redakteur für besondere Aufgaben der ZEIT. Im Jahr 1983 kam er als Politischer Redakteur zum Blatt. Er war stellvertretender Politik-Ressortchef, Redaktionsdirektor, stellvertretender Chefredakteur und Internationaler Korrespondent der ZEIT. Auf ZEIT ONLINE erscheint seit 2013 wöchentlich seine Kolumne *Fünf vor acht*. Naß ist Mitbegründer und Wissenschaftlicher Leiter der ZEIT Akademie. Von Theo Sommer hat er den Vorsitz der Jury des Marion Dönhoff Preises übernommen. Er ist stellvertretendes Kuratoriumsmitglied der Bundeskanzler-Helmut-Schmidt-Stiftung und Ko-Vorsitzender des Deutsch-Japanischen Forums.

3. Auflage 2022
Copyright © 2019
by Hoffmann und Campe Verlag, Hamburg
Texte: *U-Boote in der Elbe*, *Skandal beim Neujahrspunsch*,
Ein gutes Gefühl für die Kunst, *Die Liebe zu den
Expressionisten*, *Tausend Mark vom Haushaltsgeld*,
Abschied von der Plattensammlung, *»Der König darf das«*
Copyright © by Zeitverlag Gerd Bucerius GmbH & Co. KG
Illustrationen: Copyright © 2019
Hannah Kolling, Hamburg
Einbandgestaltung: Hannah Kolling
© Hoffmann und Campe
www.hoca.de
Typografie und Satz: fuxbux, Berlin
Druck und Bindung: Friedrich Pustet, Regensburg
Printed in Germany
ISBN 978-3-455-00539-4

Ein Unternehmen der
GANSKE VERLAGSGRUPPE